DIE GOEDE OUDE TYD

DIE GOEDE OUDE TYD

ANTON PIECK
LEONHARD HUIZINGA

ZUID – HOLLANDSCHE UITGEVERSMAATSCHAPPY

Samenstelling: Max Pieck, Piet Pors en Joop van der Liet

Vormgeving: Studio Myosotis, Baarn

Produktie: Rinus de Vringer

Druk: Drukkerij de IJsel, Deventer

Bindwerk: Stokkink's Boekbinderij, Amsterdam

© MCMLXXX voor de Nederlandse taal: Elsevier Nederland B.V.

© MCMLXXX Elsevier International Projects B.V., Amsterdam

D/MCMLXXX/0199/355   ISBN 90 10 03231 0

IN DIE GOEDE OUDE TIJD

Toen de tekenaar en de schrijver van dit boek voor het eerst bespraken hoe zij het zouden aanleggen om een groot publiek zowel met getekende als met geschreven beelden te bereiken, zei Anton Pieck: 'In vredesnaam schrijf geen illustraties bij de illustraties. Geef je eigen visie van de goede oude tijd en trek je vooral niet te veel aan van mijn werk.'

Het is typerend voor een man als Anton Pieck dat hij zijn beeld- en kleurrijke kunst bescheidenlijk aanduidt als 'illustraties'. Die bescheidenheid echter was het die de schrijver de vrijheid gaf om naast het beeld dat Anton Pieck had gegeven van de goede oude tijd met tekenstift en kleur, zijnerzijds met woorden het beeld weer te geven dat hem van voorbije dagen voor ogen stond. Dat is de reden waarom dit boek twee versies van de goede oude tijd geeft die volgens tekenaar en schrijver desondanks tot één geheel ineenvloeien.

Al is de indeling in hoofdstukken een andere dan die welke Anton Pieck voor ogen heeft gestaan, toch zullen kijker en lezer met dezelfde genoegdoening die tekenaar en schrijver ervoeren toen zij hun twee goede oude tijden naast elkaar zagen, kunnen constateren dat ondanks onvermijdelijke verschillen in aanpak en opvatting er uiteindelijk een sluitend geheel is ontstaan.

Wie goed kijkt en goed leest zal in afbeeldingen en tekst Piecks oorspronkelijke opzet weervinden en de hoofdstukken die hij zich heeft gedacht letterlijk kunnen noemen, ook al doet de schrijver dat hier ten overvloede nog eens:

Het leven in stad en dorp

Het leven thuis

Het dagelijks werk

Reizen, romantischer maar minder makkelijk

Festiviteiten in alle maanden van het jaar

Maar ieder die de titels van Anton Piecks hoofdstukken leest, zal daarachter de woorden moeten uitspreken die het karakter van dit hele boek uitmaken:

IN DIE GOEDE OUDE TIJD!

INHOUD

INLEIDING

WEINIG VERANDERD?

'Geen geschreven illustraties bij mijn getekende illustraties alsjeblieft,' zei Anton Pieck.

De schrijver heeft zich gehouden aan de wens van de meester. Maar om zijn geschreven portretten zo gelijkend mogelijk te maken heeft hij leentjebuur gespeeld bij hen die de pen hanteerden lang voor hijzelf het met de schrijf-machine deed. Ziehier.

OOM STASTOK, evenbeeld van velen in de Lage Landen in de jaren omstreeks 1839, kleedde zich in een gebloemd vest waaronderuit het tikkende bewijs van zijn ponteneur bungelde, een kostbaar maar niet *te* kostbaar horloge. Hij bewees zijn vredige opvattingen van de dingen van dien tijd niet alleen door de spanning van zijn bloemen over zijn welgedaan buikje, maar eveneens door het bedachtzaam zuigen aan een lange Goudse pijp. Hij was iemand wiens grootvader en vader een zeer bloeiende lintweverij hadden bezeten. Oom Stastok bezat die nog, maar er werd niet meer in gewerkt, en op de zolders lag nog een aanzienlijke partij oortjesband 'die hij liever daar zag verrotten dan haar onder de markt te verkopen.' Hij had zijn zaken aan kant gedaan en, het uitzicht op verdere winsten opgevende, stelde hij zich tevreden met een onverzettelijke afkeer van stoommachines en de Haarlemmer Courant.

DE NACHTWACHT 'half elf 'et de klok!'

Was ik op de kinderkamer voor de nachtwacht bevreesd, thans in rijperen ouderdom, kan hij mij geenen schrik aanjagen, en beschouw ik hem uit een geheel ander oogpunt. Gewapend met zijdgeweer, koorden, dregge en paternosters, waarop hij met recht zoo trotsch is als een Koning op zijne ster, erken ik in hem de man, wien de Overigheid zich zelve toevertrouwt, wien zij hare magt in handen geeft, om zelve eenige rust te genieten; als den man, wiens waken het bestuur gerust doet slapen; door wien dus ook des nachts de policie gehandhaafd wordt; in één woord, als den man, op wien wij ons gedurende de duisternis geheel verlaten, en door wien wij ons in staat gesteld zien, onze, van den arbeid vermoeide leden, door een gerusten slaap te verkwikken en in kracht te herstellen.

Amsterdam April 1841   *Citaat: GERSON*

DE VISCHVROUW

Vroeger kon men zulken in menigte in de Nes vinden, daar waren de eigenlijke vischwijven. Ongelukkig, wie het met haar te kwaad krijgt: een drom van scheldwoorden golft als het ware door eene schutssluis van hare lippen; en beeft als de panharingmeiden haar ondersteunen. Wie zich dan door ene dwarsstraat in te slaan, aan haar gezigt kan onttrekken, beroeme zich vrij, van wel af te zijn, en loope steeds voort zonder in het minste om te zien...

DE BEDELAAR VAN FATSOEN

Na de opsomming van de vele malen dat hij onder welk voorwendsel dan ook 'bedelaars van fatsoen' heeft te moeten woordstaan beëindigt de schrijver zijn relaas aldus:

Er zijn eindelijk, om mij niet verder in veelvuldige nuances te verliezen, die dit type aanbiedt, nog zulke bedelaars van fatsoen, die bedelen zonder iets te vragen. Deze meestal van het vrouwelijke geslacht bevinden zich altijd op reis. Zijt gij b.v. op eene stoomboot of schuit en wordt de vracht opgehaald, dan ontdekken zij opeens, dat zij hare beurs in het logement hebben laten liggen. De reizende ziet er niet kwaad uit, spreekt fatsoenlijk; is het dus wonder, dat oud en jong zich verdringen om in deze ongelegenheid te voorzien? – de vracht, het diné wordt betaald, men dringt de geldlooze allerlei ververschingen op, en nadat zij fluisterend een verkeerd adres heeft opgegeven, verlaat zij ter bestemder plaatse de boot en lacht bij haar zelve om de dupes, die zij gemaakt heeft.

Maar met uw verlof, heer Autheur! dat is geen bedelen, dat is afzetten. – Juist geoordeeld, lieve lezer! maar zijn dit, wat de bedelaars van fatsoen betreft, niet altijd synonima geweest?...

Citaat: R. VAN DEN BERG

Ik heb opzettelijk die goede oude tijd zelf tot u laten spreken.

De Stastokken zijn nog niet uitgestorven. De Nachtwachten hebben alleen een ander uniform aan. Het woord Vischwijf zou geen mens meer in de mond durven nemen. Maar de bedelaars uit fatsoen, hetzij mannelijk of vrouwelijk... Ach, op menselijk gebied is er sinds de dagen van weleer niet zo heel veel veranderd.

In die goede oude tijd moest men heel lang stil zitten om op de foto te komen.

Vogelvlucht boven die goede oude tijd in de Lage Landen bij de zee

Waarin een vriend van Anton Pieck van de hoogten der verbeeldingskracht gezien, kijker en lezer een blik laat werpen op de Lage Landen en waarin hij blijk geeft van zijn liefde voor een landschap dat door te veel vreemdelingen slechts beschouwd wordt als een platte polder die nauwelijks meer te bieden heeft dan het feit, dat hij die hier per vliegtuig aankomt, landt op een luchthaven die vier meter lager ligt dan de zeespiegel.

De stadsherberg was meer dan alleen een trefpunt voor mensen . . .

TOEN de wereld vijf eeuwen jonger was, hadden alle levensgevallen veel scherper uiterlijke vormen dan nu. Tusschen leed en vreugde, tusschen rampen en geluk scheen de afstand grooter dan voor ons; al wat men beleefde had nog dien graad van onmiddellijkheid en absoluutheid, dien de vreugde en het leed nu nog hebben in den kindergeest. Elke levensgebeurtenis, elke daad was omringd met nadrukkelijke en uiterlijke vormen, was getild op de verhevenheid van een strakken, vasten levensstijl. De groote dingen: de geboorte, het huwelijk, het sterven, stonden door het sacrament in den glans van het goddelijke mysterie. Maar ook de geringer gevallen: een reis, een arbeid, een bezoek, waren begeleid door duizend zegens, ceremonies, spreuken, omgangsvormen.'

'Tegen rampen en gebrek was minder verzachting dan nu; zij kwamen geduchter en kwellender. Ziekte stak sterker af bij gezondheid; de barre koude en het bange duister van den winter waren een wezenlijker kwaad. Eer en rijkdom werden inniger en gretiger genoten, want zij staken nog feller dan nu af bij de jammerende armoede en verworpenheid. Een bonten tabbert, een helder haardvuur, dronk en scherts en een zacht bed hadden nog dat hooge genotsgehalte...'

'En al de dingen des levens hadden een pronkende en gruwelijke openbaarheid. De leprozen klepten met hun ratel, en hielden ommetochten, de bedelaars jammerden in de kerken, en stalden er hun wanstaltigheid uit. Elke stand, elke orde, elk bedrijf was kenbaar aan zijn kleed. De groote heeren bewogen zich nooit zonder pralend vertoon van wapens en livreien, ontzagwekkend en benijd. Rechtspleging, venten van koopwaar, bruiloft en begrafenis, het kondigde zich alles luide aan met ommegang, kreet, klaagroep en muziek. De verliefde droeg het teeken van zijn dame, de genooten het embleem van hun broederschap, de partij de kleuren en de blazoenen van haar heer.'

'Ook in het uiterlijk aanschijn van stad en land heerschte die tegenstelling en die bontheid. De stad verliep niet zooals onze steden in slordig aangelegde buitenwijken van dorre fabrieken en onnoozele landhuisjes, maar lag in haar muur besloten, een afgerond beeld, stekelig van tallooze torens. Zo hoog en zwaar de stenen huizen van edelen of koopheeren mochten zijn, de kerken bleven met haar omhoogrijzende massa's den aanblik der stad beheerschen.'

'Gelijk de tegenstelling van zomer en winter sterker was dan in ons leven, zoo was het die van licht en duister, van stilte en gedruisch. De moderne stad

*Kranten lazen de mensen nog
maar weinig.
Voor de nieuwtjes waren zij
aangewezen op de
stadsomroeper.*

kent nauwelijks meer het zuivere donker en de zuivere stilte, het effect van
een enkel lichtje of een enkelen verren roep...'
'Er was één geluid dat al het gedruisch van het drukke leven steeds weer over-
stemde: de klokken. De klokken waren in het dagelijks leven als waarschu-
wende goede geesten, die met bekende stem dan rouw, dan blijdschap, dan
rust, dan onrust kondigden, dan opriepen, dan vermaanden. Men kende hen
bij gemeenzame namen: de dikke Jacqueline, klokke Roelant; men wist de
beteekenis van kleppen of luiden...'
'Dan waren er de vorstelijke intochten, voorbereid met al de zinrijke kunst-
vaardigheid, waarover men beschikken kon. En in nooit onderbroken veel-
vuldigheid de terechtstellingen. De wreede prikkeling en de grove verteede-
ring van het schavot waren een gewichtig element in de geestelijke voeding
van het volk. Het was kijkspel met moraal...'

Toen mijn vader, de historicus Johan Huizinga, het bovenstaande schreef in
de aanhef van het boek dat hem later nationale en internationale roem zou
bezorgen: 'Herfsttij der Middeleeuwen' moet het hem bewust geweest zijn
dat de goede oude tijd op dat moment met knokige vingers aan de ramen tik-
te om aan te kondigen dat het voorgoed afgelopen was met hem.
Hij schreef op de studeerkamer van het aloude buiten Toornvliet over een
wereld van vijf eeuwen terug, terwijl wij als kinderen beneden stonden en
achter de ramen van de grote kamer uitkeken over het herfstig verregende
park buiten. Ik zie mijzelf nog staan, triest starend over het al winterse ach-
tergrasveld, angstig luisterend naar de van verre aanrollende dreun die keer
op keer alle ruiten sinister deed rammelen. Dat was het geschutvuur van de

verschrikkelijke slag van de Duitse legers van von Kluck tegen de Belgische IJzer-linie, die uit verre verten ook het neutrale Nederland in dat vreselijke jaar 1914 bereikte.

Ja, men kan wel zeggen dat de Eerste Wereldoorlog het einde betekende van de goede oude tijd, ook voor het ongeschonden Nederland.

Ondanks wereldschokkende gebeurtenissen had voor ons die goede oude tijd geduurd van de wereld van vijf eeuwen geleden waarover mijn vader schreef, tot de donder van het geschutvuur in België dat ook het goede Toornvliet bij Middelburg op Walcheren bereikte. Het beeld dat mijn vader van het einde van de middeleeuwen gaf, was sindsdien ongetwijfeld veranderd. De reformatie had de almachtige kerk in tweeën gescheurd, het kanon had het aanzicht van de oorlog veranderd, de boekdrukkunst had een wereld die tot dien toe alleen toegankelijk was geweest voor enkelen, in wijde verschieten voor velen opengerukt. En toch, het uiterlijk van het leven van stad en land had zich in al die eeuwen niet zo grondig veranderd als de vorige eeuw en het eerste begin van deze dat in een paar decennia hebben gedaan. Ook het aangezicht van de oorlog niet. Men bood nog een veldslag aan; men zag de te veroveren steden nog liggen als gesloten eenheden aan de horizon met hun profiel beheerst door kerktorens. Het was 1914 dat voorgoed een eind maakte aan dat alles.

Het gebruik van jenever was groot. De gewone man dronk het om zijn dagelijkse zorgen aan de kant te zetten.

De speelgoedwinkel had toen al dezelfde magische aantrekkingskracht voor kinderen als vandaag de dag.

Geen jaarmarkt of kermis, of het wandelend eenmansorkest Koperen Ko was erbij.

Was die goede oude tijd nu werkelijk zo goed geweest, dat men er naar terug moest verlangen?

In de brave negentiende eeuw hadden de Verenigde Staten van Amerika de verschrikkingen van de burgeroorlog beleefd; Pruisen had in de oorlog van 1870 Frankrijk onder de voet gelopen en het Elzas-Lotharingen ontnomen. Het had overwinningsoorlogen gevoerd tegen Denemarken en Oostenrijk-Hongarije; het rampzalige Polen was in stukken uiteengescheurd en de Turkse macht reikte nog tot ver in de Balkan. Engeland had het in de Eerste Boerenoorlog afgelegd tegen de kleine Boerenrepublieken in Zuid-Afrika, en Japan was tegen het eind van die eeuw het machteloze China te lijf gegaan.

En Nederland temidden van zoveel geweld? Na de dagen van Napoleon was het tot één koninkrijk samengevoegd met België. Die vereniging zou niet blijven. Nederland behaalde successen in de Tiendaagse Veldtocht in 1831, maar liet België vrij onder druk van de mogendheden. Sinds dat jaar is Nederland een oase van vrede geweest in een bewogen wereld. Gedurende meer dan een eeuw heeft het Nederlandse leger niet meer gevochten. Misschien ligt daarin de verklaring van het feit dat meer dan elders in Nederland de vorige eeuw beschouwd is als 'die goede oude tijd'. Misschien ook van het feit dat in de Lage Landen bij de Zee in stad en land zoveel fraais en ouds bewaard is, dat niet alleen in Amsterdam maar vooral in de kleine plaatsen in het hele land 'de goede oude tijd' bewaard gebleven is. Het lijkt mij geen toe-

Het vertrek van de postkoets had iets plechtigs. Door de ongemakkelijke manier van reizen leken de afstanden veel groter. Het gaan naar een andere stad was als een reis naar het buitenland.

val dat Anton Pieck, de tekenaar bij uitstek van de goede oude tijd in hart en nieren Nederlander is.

Terug naar Piecks goede oude tijd. Het is welhaast onvermijdelijk, dat wanneer ik u meeneem op een reis door Nederlands goede oude tijd, ik dat zal doen als de drieëenheid die ik nu eenmaal ben: van vaders kant Groninger en dus noorderling, van moeders zijde Zeeuw en dus zuiderling en daartussenin Leids student.

Ik ben mijn reis begonnen in het zuiden van de Lage Landen, op Toornvliet bij Middelburg in het hartje van het onvergetelijke eiland Walcheren.

Daar heerste ook in mijn kinderjaren nog volledig de goede oude tijd. Eén voorbeeld maar. Mijn grootvader van moederskant Leonhard Schorer was burgemeester van Middelburg. 's Winters woonde hij in de stad, in 'Het Huis op de Balans', en in de zomer even daarbuiten op het onvergetelijke buiten Toornvliet, een simpel bouwsel uit 1754 onder zijn sierlijke torentje in zijn verrukkelijk park. Ik heb geen enkele herinnering aan de jong gestorven grootvader, maar wel aan de goede oude dagen op zijn bezitting doorgebracht. Geen waterleiding, maar wel een filter om het door het grote dak opgevangen water drinkbaar te maken. Op de twee eerste verdiepingen gaslicht van zachtjes zingende kousjes, maar boven waar wij sliepen, niets. Wij gingen met kandelaar en kaars naar bed. Telefoon moet er eind vorige eeuw pas gekomen zijn. Het verhaal wil dat de eerste lijn gelegd werd van het stadhuis naar Toornvliet. Een verrukkelijk ouderwets geval. Draaien aan de slinger van een houten kastje, dan aan een juffrouw om het betrokken nummer vragen en maar hopen dat de opgeroepene ook antwoord zou geven. De eerste

De schippers kwamen nog eens ergens! Met een nieuwe lading in het ruim zeilden zij met hun tjalken naar de volgende stad.

poging door mijn grootvader ondernomen bij wijze van proef werd een mislukking. Hij vroeg het stadhuis aan waar vantevoren was afgesproken dat de bode de oproep zou beantwoorden. Maar de bode meldde zich niet. Hij bekende later dat hij dat niet had gedurfd 'want burgemeester mocht eens ruiken dat hij een borreltje had gedronken!'

Walcheren was oorspronkelijk een eiland, maar in de zeventiger jaren van de vorige eeuw drong ook daar de vooruitgang door. Het werd met de Sloedam aan Zuid-Beveland en verderop aan het vasteland verbonden. De trein bereikte Middelburg en ook Vlissingen. Iedereen juichte, maar de boeren en grondbezitters juichten iets minder toen binnen het jaar bleek dat er een tot dien toe op Walcheren onbekend wezen de trein was gevolgd niet óver de Sloedam maar daardóór: de mol! Ik kan mij de paden van het park van Toornvliet alleen nog denken met rulle mollegangen er doorheen waarin de tuinman Blaas klemmen placht te zetten, niet zozeer om een taupe-bontmantel voor mijn grootmoeder te verzamelen als wel 'omdat het ongedierte de grasvelden rinneweerde'.

Ach Toornvliet, ach Walcheren vóór het meer dan een halve eeuw later in oorlogsgeweld verdronk... Er slingerden zich door de tuin van Nederland zoals deze Hof van Eden graag werd genoemd, wegen in de meest onmogelijke bochten. Je passeerde een hek, zei goejenavond tegen een paar koeien, liep verder en constateerde een kwartier later dat de weg je op dezelfde hoogte van het hek van daarnet had gebracht. Mijn vader heeft me later verteld waaraan Walcheren deze ogenschijnlijk zinloze meanders had te danken. Het tracé was zo oud dat het terugging tot in de middeleeuwen toen men zijn slingergang moest banen óm en lángs kreken en schorren midden in het land. De goede oude tijd had daarin geen verandering nodig geacht.

Walcheren met in het hart de landelijke hoofdstad Middelburg. Eén beeld maar.

Het laatste voorwereldlijke stoomtrammetje is daarstraks luid bellend en sissend kris en kras door het bloeiende land de lange reis naar Domburg begonnen. De laatste boerenfamilie in het kostuum van het eiland op weg van de markt in Middelburg naar huis, is daarnet in zijn smetteloze huifkar achter de glanzende derrière van zijn machtige Zeeuwse paard geklommen. Nu ratelt het gezin, de mannen met het zwarte ronde hoedje op, de vrouwen met hun bloedkoralen halskettingen en hun gesteven mutsjes, over een van de kronkelwegen naar Biggekerke, Zoutelande, Vrouwepolder, Gapinge of Ritthem, ratelt langs de weiden in hun hagen van meidoorns, ratelt tussen de korenvelden die gloeien in de zonsondergang, ratelt over de klinkers langs de statige buitens waar de nacht al onder de bomen hangt en alleen de mussen nog in de weer zijn in de klimop tegen de stalgebouwen aan weerszijden van het hek.

Uit Middelburg drijven de ijle klanken van het carillon van de Lange Jan tot ver door de avond en langs het grote kanaal stoomt hijgend de boottrein op weg naar München, Berlijn of Wenen.

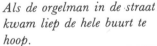

Als de orgelman in de straat kwam liep de hele buurt te hoop.

Maar die geluiden houden geen stand in de stilte van de avond, die zich als een zegen over het eiland uitbreidt.

Het goud van het roerloze koren verbleekt en de velden gaan op in de schemer. In de sloten verschijnen en verdwijnen raadselachtig de kringen van de vis die naar boven komt, en in de buitens zwijgen nu ook de mussen en alleen de muggen gonzen nog en dansen hoog om de kronen der platanen waar straks nog wielewalen riepen.

En eindelijk, wanneer de eerste sterren in het laatste blauw staan, begint het licht van Westkapelle zijn bundels over het gezegende eiland te zwaaien in de ademloze stilte die nu ligt van kust tot kust.

Dan spreken alleen nog de dreunende stemmen van de stoomschepen op de Schelde die een loods vragen om hen zee-in te brengen.

Zee-in, maar waarheen?

Waarheen?

Naar de nieuwe tijd, naar de twintigste eeuw, naar de vooruitgang die het mensdom als lichtend ideaal werd voorgespiegeld.

Vooruitgang? Ja zeker. Vooruitgang op sociaal en medisch gebied. De kinderarbeid werd afgeschaft, de kindersterfte daalde, de gemiddelde levensduur steeg en bleef stijgen. Het standsbesef begon te bezwijken, althans uiterlijk. Het hele leven werd veiliger. Kwalen die vroeger het ergste deden vrezen, werden niet ernstiger dan een stevige neusverkoudheid. De mens had minder pijn te lijden. Voorbij de tijden toen Jan Steen en Adriaen Brouwer schilderijen aan de man brachten die als grappig bedoeld waren en door het grote publiek ook als zodanig werden aangezien: beelden van een zich in

Verderop moet vast iets aan de hand zijn; die dikke heer komt er heel wat moeilijker dan die dame in het koetsje.

Op de markt trof iedereen elkaar, de mensen uit de stad, maar ook de boeren uit de omtrek die er hun produkten kwamen verkopen.

bochten wringende kerel bij wie zonder verdoving door een chirurgijn een kies getrokken werd. Dat alles was verleden tijd. De mens leefde in de ban van het nieuwe. Het woord modern werd synoniem met beter.

Het heeft lang geduurd voordat de twintigste-eeuwse mensheid vagelijk begon te beseffen welke offers hij had gebracht aan de nieuwe tijd. Het heeft lang geduurd voor hij leerde inzien dat onze grootste vijanden zijn: het mechanisch lawaai en de haast en onrust die de hele wereld bevangen hebben. Het heeft lang geduurd voor in helaas nog slechts enkelen een vaag verlangen ontwaakte naar de goede oude tijd.

Wat is het meest in het oog en het oor lopende verschil tussen die tijd en het heden? Ik zei het al: het lawaai en dientengevolge het gebrek aan innerlijke rust dat onze zenuwen aantast. Overal de dag en nacht brullende branding van het gemotoriseerd verkeer op de autowegen waarop wij zo trots zijn. Overal de dreun van overvliegende machines op weg naar alle windstreken. Overal de haast en onrust van het spitsuur in de grote steden, wanneer iedereen naar huis raast om tijdig thuis te zijn voor de eerste ruzie met zijn al even nerveuze gade.

Het is niet moeilijk maar wel bijna ongelofelijk wanneer men zich voorstelt hoe een mens uit de vorige eeuw gereageerd zou hebben wanneer men hem had voorspeld wat een volgende eeuw zou bereiken. De automobilist die woedend zoekt naar een plaats om te parkeren? De zakenman of de toerist die even naar Amerika of het Verre Oosten vliegt? De kosmonaut die naar de maan wordt gelanceerd en vandaar televisiebeelden terugzendt naar de aarde? De sinistere paddestoel van de atoombom die als een apocalyptische dreiging boven deze arme wereld hangt? De fabricage van automatische appara-

Markt of niet, de muzikant
met zijn aapje op de pianola
trok van stad naar stad.

Een paar keer per jaar kwam
de scharensliep aan de deur.
Het resultaat was niet altijd
geweldig: de messen waren
vaak nog botter dan voor het
slijpen.

ten met een ingebouwde opzettelijk verkorte levensduur? Zeker, men zou ijskasten en wasmachines kunnen produceren die een halve eeuw meegaan, maar waar blijf je met je arbeidsplaatsen als er bij gebrek aan normale slijtage niet altijd weer nieuwe toestellen worden gekocht?

En daarom, terug naar de vorige eeuw, die ons dit overigens allemaal heeft bezorgd, terug naar de tijd van de postkoets en de trekschuit toen de mens nog rust kende en juist daarom naar de nieuwe tijd haakte.

De aanblik van de Lage Landen van een eeuw geleden was minder bont dan die toen de wereld vijf eeuwen jonger was, maar de rust van een volle eeuw zonder oorlogsgeweld was er niet minder om. De steden toonden over een groen verschiet van mijlen in het noorden en westen nog hun ongeschonden profiel, beheerst door de omhoogrijzende massa's van de kerken. In de nachtelijke straten kende men er nog het effect van een enkele verre roep, die van de nachtwaker. De stilte werd er slechts onderbroken door het tinkelen van een carillon of de vermanende dreunende stem van de klokken. Overdag hoorde men over de wegen van stad tot stad hoogstens het ratelen van een postkoets of het bescheiden klop-klop van het paard van de trekschuit die de passagiers naar hun bestemming bracht. Bij het vrachtverkeer over het net van waterwegen ontbrak ook dát geluid. Tjalken werden voortgezeuld door de hele familie van de schipper, in zelen aan het eind van een lange lijn als slaven voortzwoegend over het jaagpad.

Wat was het duidelijkst zichtbare verschil in dat westen dat met zijn grote en kleine steden zo lang toonaangevend is geweest voor het aanschijn en welzijn van het hele land? Het water heerste er niet als weleer. In vogelvlucht gezien was er meer groen en minder blauw gekomen. De rusteloze watervlakten van Purmer en Schermer waren al in de zeventiende eeuw drooggelegd. De Waterwolf in het hart van Holland, het eeuwig goed land afknabbelende Haarlemmermeer, werd eerst in 1852 drooggemalen, zodat een geweldige vlakte nieuw land aan het sinds eeuwen door het water bedreigde oude land kon worden toegevoegd.

Maar elders had nieuw water oude problemen opgelost. Het machtige Amsterdam, door het binnenmeer van het woelige IJ gereduceerd tot een uitloper van 'Holland op zijn smalst' en daardoor sinds eeuwen afgesneden van een onmiddellijke toegang tot de Noordzee had steeds weer zijn handelsvloten om de oost en de noord moeten uitsturen over de niet ongevaarlijke Zuiderzee in het hart van de Lage Landen. Eerst tussen Nieuwediep en het Waddeneiland Tessel bereikte men de doortocht naar open water. Nu nog zijn daar gronden die de naam 'Helsdeur' dragen. Om deze lastige omweg te vermijden voltooide men in 1824 het Groot Noord-Hollands Kanaal dat via de kaasstad Alkmaar, Den Helder en Nieuwediep bereikte. Het heeft Amsterdam maar veertig jaar gediend. In de zestiger jaren van de negentiende eeuw bedwong de grote stad eindelijk het wilde water van 'Holland op zijn smalst' en groef zich een directe uitweg naar zee dwars door de Noordhollandse duinkust heen: het Noordzeekanaal.

In Nederlands andere grote haven ging het niet veel anders. Tot na Napoleons dagen had de Rotterdamse scheepvaart zijn weg naar zee moeten zoeken langs de banken en door de getijstromen tussen de Zuidhollandse eilanden. In 1830 groef men een van die eilanden, Voorne, door en bereikten de Rotterdamse koopvaarders langs een veel kortere weg Hellevoetsluis en vandaar open water. Ook dit kanaal zou nog geen halve eeuw blijven voldoen. In

Een andere vaste bezoeker was de man met zijn buikorgeltje. Terwijl zijn aapje rond ging met de centenbak, dansten de kinderen om hem heen.

1872, een jaar na de verschrikkelijke oorlog tussen Pruisen en Frankrijk, werd de Nieuwe Waterweg voltooid. Eens en voor al had Rotterdam de oude vader Rijn zijn ware weg naar zee gegeven.

Louter beelden van ondernemingslust en voortvarendheid? Zeker. Het is des te merkwaardiger dat Nederland als geheel desondanks een oord van gezapige rust bleef, een land dat men alleen als 'domineesland' kan aanduiden. Hier de drang naar havens aan de zeven zeeën, maar overal elders de rust van postkoets, trekschuit, en Goudse pijp en een bittertje dat eerst geschonken werd wanneer het diaconiemannetje, het factotum van Oom Stastok, heer en knecht beiden door Beets' Camera Obscura tot klassieke figuren geworden, binnenkwam met de boodschap dat de wagen van tweeën net voorbijging. 'Waarop tante, na alvorens haar bril te hebben afgezet, opstond, een kastje opende en daaruit tevoorschijn bracht een fleschje met VAN DER VEEN'S elixer, een fleschje met ''erger dan de cholera'', en drie glaasjes. Oom wenschte mij frisschen morgen.'

Het is goed om via Oom Stastok terug te keren tot de stille gezetenheid van de goede oude tijd. Door de huidige generatie worden de jaren voor de Tweede Wereldoorlog al als zodanig beschouwd. De verovering van de ruimte heeft hen verblind. Ouderen die iets verder terug kunnen kijken zien de jaren voor de eerste grote catastrofe van 1914 tot 1918 al teruggeweken in de goede oude tijd. Toen de mensheid in machientjes van zeildoek en ijzerdraad, met de pet omgekeerd op het hoofd, begon het luchtruim te veroveren, toen een stuk of wat heel rijke dwazen zich de luxe konden permitteren van dat hypernieuwerwets vehikel: de automobiel. Een hobbelend vehikel met een toeter en een bel om de verbijsterde en dikwijls vijandige bevolking te waarschuwen tijdig uit de weg te gaan voor het tuffende monster. Maar de werkelijke goede oude tijd ligt nog verder terug: en wel in de negentiende eeuw toen de stoomtrein met wel 35 kilometer per uur de postkoets langzamerhand van de weg begon te verdrijven en toen de eerste stoomschepen de zeven zeeën bevoeren. Wij spreken hier over automobielen, treinen en stoomschepen, over de ondernemingslust en voortvarendheid die onze grote havens bezielden, maar laten wij niet vergeten dat deze nieuwe uitvindingen eerst heel langzaam hun plaats in ons leven hebben ingenomen. Het beeld van die havens werd nog lang beheerst door de zeilers. De scheepsbouw zelf was nog gedurende vele decennia een rustig ambacht met hamer en beitel als de voornaamste werktuigen. De treinen kropen nog kalm voort over enkele lijnen. Een spoorwegnet bestond nog niet. In de Lage Landen waren er grondeigenaars die weigerden hun land te verkopen voor de aanleg van zoiets verdacht nieuws. Er waren een of twee 'grote lijnen' die dientengevolge de vreemdste omwegen moesten maken bij hun aanleg, en andere wier treinen jaar in jaar uit contractueel verplicht waren te stoppen bij het landhuis van een koppige grondbezitter. Eerst tegen de zeventiger jaren begon men de achterstand op het buitenland in te lopen en kon men geleidelijk aan bogen op iets dat men een spoorwegnet zou kunnen noemen.

Zeker, uit Engeland waaide de drang naar industrialisatie over, maar ook daar bleef de vorige eeuw nog altijd de tijd van stilte, terwijl in de Nederlanden tot in onze tijd de schoolboekjes als de voornaamste middelen van bestaan 'landbouw en veeteelt' bleven vermelden. Olie was er. Indianen in Noord- en Zuid-Amerika hebben sinds onheugelijke tijden geweten van oppervlaktebronnen waar de zwarte taaie vloeistof in oprispingen uit het lichaam van de aarde aan de dag welde. Al vóór 2000 voor Christus gebruikten de volken van het Mesopotamische Tweestromenland, nu Irak, olie-houdende zandsteen als mortel. Noach dichtte zijn ark met pek, dat is bitumen. De Chinezen – het oudste industriële volk ter wereld – kenden het gebruik van natuurlijk gas als brandstof bij een destillatieproces. Grieken en Romeinen gebruikten petroleum voor verlichting en verwarming. Byzantium redde in de zevende eeuw van onze jaartelling onze christelijke beschaving door het gebruik van de eerste vlammenwerper. Telkens weer werd de aanstorm van Moslim oorlogsvloten gekeerd door het 'Griekse Vuur'.

Dit alles betekende geen winning van olie uit de aarde. Men aanvaardde alleen wat de oppervlakte bood. In de laatste tien eeuwen die aan de geboorte van de eigenlijke olie-industrie voorafgingen, waren het de walvisvaarders die de olie verschaften waarop 's werelds lampen brandden. Noren in de middeleeuwen; Basken aan het begin van de nieuwe tijd; Nederlanders daarna in hun eigen grootste eeuw, de zeventiende; vervolgens Engelsen en tenslotte rond 1800 aan het begin van de eeuw der industrialisatie de Amerikanen wier epos geschreven werd in Melville's verhaal over de witte walvis 'Moby Dick'. Maar het zou nog tot 1859 duren voor die eeuw met de eerste geslaagde boring in Amerika de geboorte zag van de olie-industrie. Canada volgde de buurman op de voet in 1861. Rusland, Polen en Oost-Indië volgden in de ze-

De geleerde heren hadden voor het frivole leven geen tijd. Zij hechtten meer belang aan de boeken.

ventiger en tachtiger jaren; Peru, India en Birma tegen het eind van de vorige eeuw; Mexico op de eeuwgrens. Maar het zou nog tot vlak voor de Eerste Wereldoorlog duren voor olie gevonden werd in het nu bijna almachtige Midden-Oosten.

Het klinkt al weer als een beeld van louter drukke en lawaaiige bedrijvigheid. Eiffeltoren in Parijs, Crystal Palace in Londen, wolkenkrabbers in Amerika, maar buiten de steden en grote industriecentra bleef de negentiende eeuw toch nog de goede oude tijd, de tijd van rust en stilte, nog niet bezeten door de zinloze haast van vandaag. Engeland met zijn ondanks alles aangeboren voorkeur voor datgene 'wat altijd zo geweest is en dus goed', behield naast zijn grauwe industriesteden, zijn parken, laantjes, weggetjes en dorpjes. Frankrijk waar alles nog vandaag aan de dag geconcentreerd is in, op en om Parijs, bewaarde daarbuiten zijn pastorale rust. Amerika was te groot om die rust door een paar centra te laten verstoren en Duitsland bleef dromen en dichten over 'der Deutsche Wald' en vergat maar al te graag wat het te danken had aan het monster 'Ruhrgebiet'.

En Nederland? Boerenbedrijf en ambacht overheersten er nog verre een aarzelend opkomende industrie. De Lage Landen bleven in vele opzichten het stille domineesland, het best gekenmerkt door een aan de passagierstrekschuit en de vrachtvaart over de kanalen ontleend gezegde: Zoetjes aan, dan breekt het lijntje niet.

Als men in de stad verder moest gaan dan men kon lopen, dan was men aangewezen op de omnibus.

De rijke mensen verplaatsten zich in een koetsje, sommige vooruitstrevende lieden waagden zich op een fiets.

Een blik in vogelvlucht op de Lage Landen in de goede oude tijd van een vorige eeuw. Kijk neer van de hoogten der verbeelding op de vredige elf provinciën.

In het zuidwesten dreven de grillige gestalten van de Zeeuwse en Zuidhollandse eilanden, nog lang niet met de vaste wal verbonden, op het woelige water, omspoeld door de rusteloze gang van hun door eb en vloed, noordwester of zuidooster uit of naar zee gestuwde stromen. Kleine werelddelen deze eilanden, in hun wezen bepaald door de barrière van het water rondom; begrensd door dijk en zeewering hier, door het duin en de wildernis van kreupelhout, de manteling, elders. Kleine werelddelen, veilig in hun afgeslotenheid die oude ambachten en oude klederdrachten van boeren en vissers door de jaren heen bewaarde. Merkwaardig daarbij was dat het traditioneel kostuum door vrijwel de hele landbouwende of varende bevolking gedragen, zijn eigen mode kende. De Walcherse boerinnen van de tweede helft van de goede oude negentiende eeuw gingen allemaal gelijk gekleed, maar hun kostuum met gouden en bloedkoralen sieraden had sinds de dagen van Napoleon een duidelijke verandering ondergaan. Kleine werelddelen met een eigen cultuur, die de stilte bewaarde van de geploegde akkers achter een dijk waaroverheen de bruine zeilen van thuisvarende vissermannetjes wenkten naar het kleermakertje aan de dorpsstraat, naar oude zede met gekruiste benen op een tafel voor het raam gezeten. Veilig voor de buitenwereld, deze eilanden maar open voor het geweld van stroom en ontij en de dreunende stem van de branding die in al te luide nachten zelfs de hoeven in het hart van het eiland bereikte, wanneer de stormklok klepte tussen de vlagen en de mannen naar een bedreigde dijk ijlden. Domineesland? Kan zijn, maar dan toch ook domineesparadijs.

31

*Boeren en mensen uit de
omgeving komen naar de stad.
Er is feest.*

STADHUIS TE KAMPEN 19ᵉ EEUW

Oostelijker in de Brabantse streken, lang een onderontwikkeld gebied gebleven, welhaast genegeerd door het rijke en voorspoedige Zuid- en Noord-Holland, werd het beeld niet door het water bepaald en werd tevens domineesland pastoorsland. In de zogenaamde 'Generaliteitslanden' Brabant en Limburg ten zuiden van de grote rivieren die een eeuw geleden meer dan ooit Nederland in tweeën deelden, was de Katholieke Kerk oppermachtig. Het beeld van de plattelandspastoor die bij het gezin van een straatarme keuterboer niet zo heel lang na de geboorte van het negende kind kwam vragen wanneer men nu nummer tien mocht verwachten, is geen fantasie. Evenmin de constatering dat de gebieden bezuiden de grote rivieren qua cultuur en karakter toen meer Belgisch dan Nederlands waren. Al te lang had men in het overwegend protestantse noorden onze glorieuze vrijheidskrijg, de tachtigjarige oorlog tegen Spanje gezien als een uitsluitend protestantse opstand tegen het katholieke Spaanse oppergezag. Al te lang bleef daarom het katholieke zuiden een tweederangs gebied dat door het machtige Holland niet zozeer werd geïgnoreerd alswel verwaarloosd. Maar verwaarloosd of niet, ook hier was de negentiende eeuw van een stille landelijke schoonheid. In het westen van Brabant proefde men nog de zilte adem van de zeearmen. Daar bogen rond wijde akkers de rijen peppels en abelen langs de lege landwegen zich nog voor de ruwe wind, maar verderop waar de eerste bossen verrezen op een steeds rullere bodem, was de waterkant en het oud bedrijf van vissers en zeevaarders vergeten. Daar gaapten 's winters zwarte heidevelden met aan het verst verschiet misschien een enkel kerktorentje van een dorp dat niet langer opzag tegen dijk en duin. De 'Generaliteitslanden' verrieden nog in zoveel hun afstamming van het sinds begin van de eeuw afgescheiden België, dat men in het machtige Holland maar al te graag de schouders over hen ophaalde. Holland was het immers dat de trotse bevrijdingsoorlog die van 1568 tot 1648 tegen het almachtige Spanje had gewoed, uiteindelijk naar de bevrijding van de Lage Landen had gevoerd! De Spanjaarden waren daarvan minder onder de indruk dan wij. Toen in de twintigste eeuw een Nederlands vlooteskader Spanje bezocht en de état major in een Spaanse oorlogshaven met grandioze gastvrijheid werd onthaald, hield de Nederlandse commandant in zijn beste Spaans een fraaie rede over de hechte banden van vriendschap die de beide volken tegenwoordig verbonden. 'Tachtig jaar hebben wij elkaar naar het leven gestaan,' besloot hij, 'maar die grootse strijd is eens en voor al vergeten.' De Nederlandse officieren applaudisseerden dat het een aard had, maar aan Spaanse zijde heerste een wat pijnlijke stilte. Zat de nederlaag de Spanjolen nog zo hoog? De oplossing kwam toen een van de brave Hollanders een van zijn Spaanse gastheren zachtjes hoorde zeggen: 'Hij bedoelt die relletjes van de Vlamingen vier eeuwen geleden...'
Een van de merkwaardigste facetten van de verschillende delen van een zo klein land als Nederland is het verschil in mentaliteit dat ook nu nog onmiddellijke naburen geestelijk gescheiden houdt. Des te groter waren die verschillen in de goede oude tijd toen de nabijheid die vandaag de dag in een half uur autorijden wordt overbrugd, een urenlange reis per postkoets of trekschuit of een stormachtige vaart over een van de zeearmen betekende. Zeeuwen en Hollanders, Friezen en Groningers, Geldersen en Drenten, het was alsof men met evenzovele verschillende volken had te doen. Ook voor het zuiden gold dat. Brabanders en Limburgers kenden misschien niet de animositeit die Friezen en Groningers nog beheerste, maar gingen wel beiden prat op hun eigen aard.

*De bedienden kijken toe terwijl
hun meesters eten.*

Limburg, beheerst door het dal van de Maas, reikte van de gang van de grote rivieren in het hart van het land tot aan de weelde van zijn heuvels, akkers en korenvelden in het zuiden. Limburg, het meest typische grensland van alle Nederlandse provincies met hier de Duitse grens en ginds die van België. Limburg, met een eigen dialect dat men een taal moet noemen, maar sinds de dagen van Napoleon zonder zijn eigen wijn. Napoleon had besloten dat wijn zozeer het bezit van Frankrijk was, dat Nederland geen recht had op een eigen wijncultuur. Hij trok een streep over de kaart en liet benoorden daarvan alle wijnstokken door zijn dragonders uit de bodem trekken. Limburg in de vorige eeuw bezat geen wijn meer maar de rijken vulden hun kelders des te liever met duizenden flessen Franse en ook Duitse wijnen, de Rinse Wijn, de geliefkoosde drank van de zeventiende eeuw in de Lage Landen.

Ten noorden van dat alles wordt uw blik opgehouden door die wonderlijke grens dwars door het hart van het land, door de grote rivieren, door die grens die noord en zuid scheidt en verbindt in hun veelheid, eenheid en verscheidenheid. Groot en koud gaan zij hun weg naar zee door de winterdagen, de dienaren van een levend en werkend land, eens de onbedwongen scheppers van een woeste delta waaruit dit alles zou ontstaan. Vergeet de machtige bruggen waarover nu dreunend verkeer jaagt van noord naar zuid en vice versa. Wend uw blik terug naar de eeuw van Oom Stastok die zijn middagbittertje 'Erger dan de cholera' nam zodra de postwagen van tweeën over de klinkers van zijn stille stadje kwam ratelen. Vergeet niet dat het meest typerende verschil van het heden met zíjn tijd de stilte en de rust zijn die zo lang heel het land beheerst hebben, de afwezigheid ook van de luide haast van onze dagen.

Stilte en rust in de winderige polderwijdten van Noord- en Zuid-Holland met de intimiteit van oude boerderijen met hun eigen zwermen van nestelende zwaluwen langs een kronkelend watertje vol kikkers dat soms voortslingerde tussen zijn bloeiende dijken bóven het niveau van de polder aan weerszijden, een in de zomer met grazend vee bedekte oppervlakte die op enkele plaatsen tot meer dan vijf meter beneden het gemiddelde peil van de zeespiegel lag. In de polders bloeide de waterhuishouding al lang voor Oom Stastoks tijd met zijn overvloed aan windmolens die het hele verschiet van het westen tekenden, soms met stilstaande wieken soms driftig malende om een teveel aan water te lozen.

Daar nog weer achter een ander land van windmolens, de wijdheid van Groningen en Friesland waar het water heerste in meren, sloten en vaarten en het verschiet zich steeds leger en grootser opende naar de zee. Daar, vervagend aan het uiterste einde van uw blik in vogelvlucht, ontwaarde u nog als een rij half vergeten voorposten het front van de Waddeneilanden tegen de ruwe

Het hoorde bij een degelijke opvoeding om piano te kunnen spelen.

Arme mensen hadden geen piano. Voor hen was een draaiorgel het toppunt van muziekgenot.

achtergrond van de eindeloze Noordzee die zich daar in de verte verloor. Aan de zuidkant lag de grote lagune van de Waddenzee waaruit door toedoen van mens en natuur, en soms in de strijd van de mens tegen de natuur, in de loop der eeuwen die eilanden waren verrezen en zich in veel gevallen door eb en vloed, storm en ontij van west naar oost hadden verplaatst. Edelman schrijft in 'Het Waddenboek' over Schiermonnikoog:
'Het eiland kent slechts één dorp. Eertijds lag dit dorp veel westelijker. De oude kerk moest in 1715 worden afgebroken wegens dreigende overstuiving door de duinen. De nieuwe kerk, meer landinwaarts gebouwd, werd echter reeds na 45 jaar, in 1760, door de zee onderspoeld en verwoest. In 1762 werd de huidige kerk gebouwd en was het oude dorp vrijwel in zee verdwenen...'

De zee heeft altijd de Nederlanden beheerst. Vandaag aan de dag is de vloed, opstuwend uit het westen nog merkbaar tot Wijk bij Duurstede in het hart van het land. Lang is de Zuiderzee het jachtterrein van de vissers uit Marken en Volendam geweest. Eerst in het begin van deze eeuw is men met de drooglegging begonnen. Landaanwinning en bescherming van het land achter de dijken rondom. We zijn er nog altijd trots op maar nu de droogmaking achter de machtige afsluitdijk zijn voltooiing nadert, weten we niet recht wat we met het land dat de laatste droog te malen polder zal opleveren aan moeten.

Terug naar de stilte van vroeger tijden toen de Zuiderzee nog niet het Flevomeer was, maar een zoute binnenzee door eb en vloed uit de Noordzee volgestuwd en gedeeltelijk weer leeggezogen met de wisselingen van het tij, toen er nog geen motoren ronkten en de horizon nog niet bezwangerd was met wolken van roet en stank van moderne industrieën.

Het is bijna onmogelijk zich die tijd voor te stellen, toen – ik herhaal het voor de zoveelste keer – er nog stilte en afstanden waren. Nergens waren die beiden zo geprononceerd als in het veen- en heideland Drente. Eindeloze heiden strekten zich daar nog uit van horizon tot horizon. Het was er niet alles even voorspoedig als het er schoon en wijds was. Wanneer een straatarm jong paar veenwerkers zich een plaggenhut bouwde, een krot uit heiplaggen en oude planken, kwam iedereen uit de buurt te hulp. Er werd koortsachtig gewerkt, want het gerespecteerd gebruik wilde dat de eigenaar van het land het krot op zijn grond moest laten staan zodra er een schoorsteen op zat. Kwam hij voordien tussenbeide, dan had hij het recht om de nieuwe behuizing te slopen. Afstanden beheersten het leven daarginds nog dusdanig dat een boerderij die tegelijk herberg was, een hoge paal op zijn erf had staan waarin na donker in de top een olielamp werd ontstoken. Zonder vuurtoren liep de reiziger door deze leegten gevaar te verdwalen op de hei en misschien om te komen in het moeras. Denk u daarbij in dat de ellendige plaggenhut van het jonge stel na jaren misschien al tien kinderen herbergde en u zult zich afvragen hoe goed de goede oude tijd eigenlijk was. Het standsverschil was nog afgronddiep, maar de tegenstellingen tussen rijk en arm werden als een natuurlijk gegeven aanvaard. De grote ramp was dan ook niet de honger of de armoede maar de tuberculose die in sommige streken heerste als eertijds de pest.

Nog een vluchtige blik over Overijssel en Gelderland.
Overijssel, oud cultuurland met iets minder schrille contrasten tussen rijk en arm, met bos en hei, maar ook met de landelijk vloeiende lijnen van essen met hoog hout, van beken en van heuvels oprijzend naar de einder. Oud cultuurland met het eerste begin van een stoffenindustrie in kleine steden die er niet mooier op werden. Hier de fabriek van 'Meneer Gijs', daar het buitenhuis van 'Meneer Jan', ginds de beroemde jacht van 'Meneer Dirk', het een zowel als het ander steeds even patriarchaal.

Ten zuiden daarvan Gelderland, in tweeën gesneden door de snelle zijarm van de Rijn, de IJssel, die met vaart zijn weg naar het noorden zocht, naar de Zuiderzee. Het Gelderland van zandverstuivingen en heiden, van bossen en karresporen. In het oosten scheidde de rivier het oude Gelre van zijn Achterhoek met zijn kastelen, zijn statige boerenhoeven en zijn minuscule keuterboerderijtjes temidden van de nimmer eindigende bekoringen van zijn coulissen en houtwallen om de velden.
Meer kastelen in Utrecht in het middelpunt van de Lage Landen gelegen, tussending tussen de barre wijdten van de Gelderse heuvels en de groene platheid van het land, in het westen eindigend in de blonde duinkust langs de Noordzee.
Utrecht, de provincie rondom de machtige gestalte van zijn dom in de oude hoofdstad. Utrecht, de provincie die bij oost noch west hoort, bij noord noch zuid, die deel heeft aan het polderland, de bossen en de heuvels, de Zuiderzee en de grote rivieren en daarmee iets van de bekoring van alle Nederlandse landschappen in zich verenigt.

Maar de tijd staat niet stil voor ons op de hoogten der verbeelding. 's Winters

In de keuken van een welvarend gezin was de hele dag door bedrijvigheid.

vertoonde de goede oude tijd zich welhaast op zijn schoonst. De zwarte vaarten en kanalen verstijfden onder de adem van de vorst tot blanke banen. Meren werden reusachtige witte dansvloeren, de winterse steden wemelende feesten op de grachten, wanneer het ijs elk obstakel voor hart en voet had opgeruimd en alleen nog de grote broederschap van de schaatsenrijders hoogtij vierde. Overal krioelde het van snelle rijders, jong en oud, arm en rijk, in rijen of in paren, in menigten of alleen voortsnellend ver door de stijfbevroren weilanden van Noord-Holland, of opzwoegend tegen de storm van Friesland, van stad naar stad, alle elf van de beroemde Elfstedentocht. Ja, men moet in strenge winters zelfs de Zuiderzee overgestoken zijn. De kronieken melden dat de burgemeester van Bolsward, Pieter Koopman in 1763 in één dag op de schaatsen dier jaren van Den Haag naar Leeuwarden reed!

Denk niet te lang aan hem want onder u komt de grote vijand van de schaatsvreugde opzetten: de sneeuw. Een bruine wolk onttrekt alles aan het oog. Als het weer helder wordt in de diepte van de vorige eeuw ligt heel besneeuwd Nederland daar als een wit reliëf, doorsneden door de donkerder aderen van wegen, kanalen en rivieren die zo veel mogelijk door de baanveger met zijn bezem worden vrijgemaakt voor de hartstochtelijke rijders. In de grote stilte hierboven kunt u het krassende ritme van hun onvermoeibare ijzers horen. Maar een zoele wind zwelt al aan. De wittigheid smelt weg, de rivieren stuwen hun schotsen stroomafwaarts, de weiden hernemen hun grazige groen en de bossen beginnen zich te tooien met een eerste vermoeden van kleur, ijl als een ademtocht. Zwarte akkers lopen weer uit tot tapijten en de daarstraks nog van schaatsers wemelende vaarten en meren zijn al weer bevolkt met roei- en zeilbootjes en trekschuiten en dragen die vracht spiegelend door het land.

En dan barst de lente los. Groen de kronkelwegen in de eerste dunne schaduw van hun bomenrijen; groen en mals de nu met zwartbont vee gespikkelde weilanden; groen de jonge korenvelden, en groen in duizenden schakeringen de bossen.

Een geweldige vogelzang stijgt naar u op en lijkt uit uw hoogte mét het zonlicht weer neer te stromen op de aarde. Daar zijn, tussen zoveel tinten groen, nu de heiden van zwart tot bruin verkleurd, maar de duinen zijn aangezwollen van geel tot goud, en waar maar water is blinkt de wereld in het blauw.

De zomer komt. De verandering gezien van uw hoge schouwplaats lijkt eerst niet groot. De bolle lentewind wordt lauw en zoel. De vogelzang lijkt moe te worden van zichzelf en heel de groene wereld wordt eentoniger en dieper van tint. Maar daartussen brandt nu het goud van het rijpend koren aan de einder in Groningen, ginds op de Zeeuwse eilanden, tussen de Brabantse heiden en bossen en in de valleien van Limburg.

De duisternis wordt kort in de stille nachten en de wereld loom en tevreden in de warme dagen.

En dan komt de herfst. Overal doet hij het water huiveren. Met vreugdig misbaar vaart hij over het vlakke polderland. Langs kust en eiland brengt hij vogelvluchten uit het hoge noorden voor de overwintering in de Nederlandse Waddenzee en doet andere wegwapperen naar het verre zuiden.

Als een grote nabloei van de zomer ontsteekt hij de paarse gloed van de heiden. Daaromheen doet hij tussen de donkere ernst van de dennenbossen het geel van het loofhout oplichten en op de Veluwe de heersers-bronsroep van de herten opklinken.

Zo zwerft hij over het gehele land van onze brave Oom Stastok met zijn glaasje 'Erger dan de cholera' op slag van tweeën. Dat dagelijks bittertje wordt in alle rust genoten, nu onder klaterend klare luchten boven Oom Stastoks provinciestadje, dan onder hoofdschuddend geconstateerd regengeweld tegen de ruiten, soms als inleiding tot een gulden middag ten afscheid en eindelijk knus en gezellig voor de vriendelijk brandende kachel, terwijl buiten de herfst met zijn laatste felle storm Nederland van zijn verkleurde zomertooi ontdoet en het weer grauw en stil en toch oneindig schoon laat liggen voor de winter.

Water wordt land, vis komt op het droge en de wegen naar zee worden verlegd

Waarin de schrijver onder meer vertelt hoe zijn Amerikaanse vriend in enkele woorden de ontroering tot uiting bracht die hem beving bij een bezoek aan de klassieke gracht van de universiteitsstad Leiden, het Rapenburg. Waarin hij verder vluchtig spreekt van Volendam en het uitvoerig heeft over de twee mensen die veel van het oude door hun schitterende restauratie hebben gered voor het heden, en waarin hij zich tenslotte wat spijtig gedwongen ziet 'de grootste Nederlandse inpolderaar' voor een groot deel van zijn aureool te beroven.

Rond de kerst deden de mensen al evenveel inkopen als in onze tijd.

TOT zover een blik in vogelvlucht op de Lage Landen in de goede oude tijd. Nu de mensen die het land in die eeuw bevolkten. Boeren en vissersbevolking liepen nog vrijwel overal in kostuum, maar dit onderscheidde de mensen evenzeer naar hun geboortestreek als dikwijls naar hun godsdienst. Eindeloze afwisseling: van het gouden oorijzer van de Friezinnen tot het schilderachtige ongemak van het Spakenburgse vrouwenkostuum met zijn kunstmatig verhoogde schouders; van de lange krullenbanderollen van de meisjes van Marken tot de statige matrone-plooien van de Scheveningsen en de pofbroeken en ruige mutsen van de Volendammers. Het kostuum van de Zeeuwse eilanden kende misschien meer variaties dan enig ander: 'Middelburgs ambacht' in de stad; het flatteuze kleine kapje op het land met voor de kinderen de tot op de rug afhangende wijde kap en in Nieuwland de geplooide. Op het buureiland Zuid-Beveland onderscheidde men het katholieke kostuum met de kap met rechte vouwen en het protestantse met de wijde ronde kap. Op de overwal van de Schelde was ondermeer het kostuum van Axel met de spitse opgehoogde schouders. Het mannenpak was over het algemeen donker, dikwijls zwart maar op Walcheren ontbrak het ronde hoedje nooit, evenmin als de reusachtige zilveren knopen waarmee de broek van boven werd gesloten. Veel mannen droegen daar wat men later 'polkahaar' zou noemen. De legende wil – en vermoedelijk was die legende waar – dat haarknippen bij hen weinig tijd en moeite kostte. De dorpsbarbier stulpte hun een pot over het hoofd en knipte eenvoudig alles af wat daaronder tevoorschijn kwam. Lang heeft men het donkere Zeeuwse type willen verklaren uit een vermenging van de bevolking met de Spaanse bezettingstroepen. Mijn vader kwam daartegen op met het argument dat gedurende onze tachtigjarige vrijheidsstrijd er vrijwel alleen buitenlandse huurtroepen in de Lage Landen waren gelegerd. Ik herinner mij dat mijn goede tante Schorer daar niet aan wilde. 'Maar Han,' zei zij in haar verrukkelijke onschuld aan tafel op Toornvliet, 'die troepen hadden toch Spaanse officieren die hier met de meisjes van het land getrouwd zijn en zo...' Dat van die vermenging niet veel gekomen was bleek misschien het beste op Walcheren zelf. De Walcherenaar was klein, donker en vreedzaam, maar aan de westpunt van het eiland lag een dorp onder zijn vuurtoren: Westkapelle. Het was tot in onze dagen bevolkt met grote, blonde, blauwogige reuzen die graag naar het mes grepen: een nederzetting van

ingevallen Noormannen die door meer dan tien eeuwen heen hun eigen aard
hadden bewaard.

En de rijken en stedelingen uit die dagen? Zij volgden de mode zoals nu,
waarbij op te merken valt dat de damesmode allerlei extravagances vertoonde
maar dat sinds de tijden van Napoleon de kleding van de mannen steeds be-
daagder en kleurlozer werd, tot tenslotte de deftigheid het geheel had gewonnen van het uiterlijk vertoon. Dit gebeurde aan de hand van twee typische
uitvindingen van de goede oude tijd: de lange broek en de hoge hoed. De lange broek in alle mogelijke verschillende vormen is niet meer uit ons wereld-
beeld geweken.

Een opvallend verschil tussen toen en nu is wel het feit dat vooral de vrouwen
de drang misten om zich jeugdig te kleden. Het jonge meisje was niet het na-
gestreefde schoonheidsideaal, maar de elegante volwassen vrouw. Tegen de
tweede helft van de vorige eeuw werd – zeker in de degelijke Lage
Landen – de wens levendiger in kleding en houding de eigen positie in het leven en de maatschappij te afficheren. Onze overgrootmoeders waren als getrouwde vrouwen in de kortste keren 'matrones' geworden, hun echtgenoten
toonden rang en rijkdom bij voorkeur met de trots op de buik gedrapeerde
gouden ketting van het in de vestzak gedragen horloge. Het eerste horloge

*. . . zeker als je het vergelijkt
met de overburen. Dat waren
nog eens muziekliefhebbers!*

dat een aankomende jongeling kreeg was een stap omhoog in leeftijd en sociale positie. Typerend was ook dat mannen en vrouwen eigenlijk nooit zonder hoed liepen, trouwens ook de kinderen niet. In een voorwereldlijk boekje over etiquette dat ik uit vergeelde bezittingen van mijn grootmoeder opgroef, las ik:

'Wanneer de knaapjes malkander tegenkomen in de straat groeten zij beleefd en nemen de petjes af.'

De lange broek, de stoomboot en de trein waren niet de enige uitvindingen van de vorige eeuw, die – zij het heel geleidelijk – het aanzien der dingen veranderden. Hoe vreemd het ook mag klinken, niet de stoomboot, de trein, telegraaf, telefoon of de elektrische gloeilamp, alles verworvenheden van de vorige eeuw, hebben zo wereldomvattende veranderingen in het bestaan van miljoenen gebracht als de naaimachine het heeft gedaan. Uitgevonden door de Amerikaan Howe in 1845 en daarna sterk verbeterd door Singer, heeft dit vernuftig instrument in korte tijd de wereld veroverd. Men vond het in ieder Amerikaans en Europees huishouden, zo goed als in de afgelegenste kampong van Indonesië, in de oasen van het Nabije Oosten en de Sahara evengoed als in de tempelsteden van India of de adobe-dorpen van Zuid-Amerika. Wil men van een 'industriële revolutie' spreken dan dient toegegeven dat deze in het huishouden of kleine werkplaatsjes is begonnen dankzij de alom-

Met Pasen had de bakker een prachtige etalage met suiker- en chocoladeëieren.

tegenwoordige naaimachine. Niet alleen de mode van het westen heeft zij beïnvloed, maar ook de levens van miljoenen in de onderontwikkelde gebieden vergemakkelijkt.

Merkte men in die goede oude tijd veel van dergelijke dingen? Neen, zo goed als zeker niet. Haast alle verandering voltrok zich nog langzaam, was dikwijls nauwelijks meer dan een verbetering van gebruikelijke methoden en werd daar vaak mee gecombineerd. Tientallen jaren lang toen stoomschepen maar heel geleidelijk de zeven zeeën veroverden, voer men nog enorme trajecten met 'auxiliair zeilvermogen'. Het gebeurde ook andersom. Voor de eerste vaste dienst op de Nederlandse koloniën in Oost-Indië bouwde men in de zeventiger jaren in Rotterdam ijzeren zeilclippers met auxiliair stoomvermogen. Bij gunstige wind zou maar op twee ketels gevaren worden of zelfs, om kolen te sparen, alleen op zeilkracht. Dit speelde zich af een halve eeuw nadat het eerste stoomschip de 'Savannah' de Atlantische Oceaan was overgestoken van Amerika naar Europa. Men ziet het: verandering en vooruitgang gingen nog langzaam en geleidelijk. De tijd liep nog niet eens op een sukkeldrafje. De mensen van de Lage Landen evenmin. Zoiets zou als onbehoorlijk opzien gebaard hebben. Een getrouwde vrouw van nog geen dertig was een matrone, een man van vijf jaar ouder een gezeten burger met buik en horlogeketting trots daarover gedrapeerd. Het is vreemd dat men minder haast had dan nu, hoewel men ook minder tijd had. De gemiddelde levensduur was korter, de afloop van allerlei kwalen onzekerder. De kindersterfte beperkte zich in die tijd nog niet tot de volkeren in de onderontwikkelde gebieden. Het kraambed bracht nog reële gevaren met zich mee voor moeder en boreling. Men was dankbaar wanneer men kon melden: 'Moeder en kind maken het beiden wel.' Het is moeilijk om ons onder die schijnbare rust en traagheid van het hele leven, voor te stellen dat wij in onze goede oude tijd te doen hadden met de eeuw van rusteloos zoeken en vinden op bijna ieder gebied. Wat een zegen toen Pasteur sera uitvond tegen hondsdolheid en difterie, en toen Koch eerst de tuberkelbacil en daarna de cholerabacil ontdekte! Er veranderde veel, machtig veel, maar de verandering was niet zo maar meteen zichtbaar. Daarom kunnen wij ons blijven voorstellen – ten onrechte – dat Nederland in die dagen een ingeslapen Domineesland was. Dat was het niet. In de eerste twee jaar van deze eeuw won Nederland maar liefst drie Nobelprijzen, resultaat van zoeken en vinden in een vorige eeuw.

Als we nu toch bij de wetenschap zijn aangeland waarom dan niet naar het oorspronkelijk hart van de Nederlandse wetenschap? En het hart van dat hart? De Universiteit, de Alma Mater! In 1575 werd de Leidse Universiteit door Prins Willem van Oranje geschonken als waardige erkenning van de standvastigheid waarmee overheid en burgerij, protestanten maar ook katholieken, het Spaanse beleg van hun stad hadden doorstaan. Sinds 1581 gevestigd in een vroeger klooster, huist de moeder van de wetenschap daar nog, ook al staan haar moderne dépendances tot ver buiten de bebouwde kom. Maar daarmee hebt u niet van doen als u het nog altijd bestaande Leiden uit de goede oude tijd wilt zien. Gouda, Delft, Middelburg en andere Neder-

Als men boodschappen ging doen, dan sprak men nog eens iemand.

landse steden waar het verleden nog sterk spreekt, hebben meestal een markt als het hart van de stad. Niet allemaal.

Het onberoerde hart van het oude Veere klopt niet op het landelijke pleintje bij het sierlijke middeleeuwse stadhuisje, daterend uit rond 1475, maar aan de Kaai langs het haventje tegenover de korenmolen 'De Koe' op de andere wal. Het strekt zich langs het water uit van de stoere Campveerse Toren aan de haveningang langs de zestiende-eeuwse 'Schotse huizen', eens kantoren en pakhuizen van de Schotse wolhandelaren, nu buren van huizen uit de zeventiende en achttiende eeuw die de kade sieren. Het geheel wordt beheerst door de machtige gestalte van de grote grijze kerk waar ooit Napoleon zijn dragonders hun paarden liet stallen onder de nooit afgebouwde toren.

Het hart van Broek in Waterland is zeer toepasselijk een grote plas waar het 's winters goed schaatsenrijden is.

Het hart van Amsterdam is nog altijd het Paleis op de Dam; dat van Den Haag het Binnenhof, waar het parlement zetelt; maar het hart van Leiden is een stuk gracht van misschien achthonderd meter lang, dat zich in een wijde bocht uitstrekt van een knooppunt van auto's, bussen en verkeerslichten tot een groen park waar kinderen spelen en oude mensen op hun banken zitten oud te zijn.

Bij de groentevrouw wordt met een handkar een nieuwe voorraad appelen gebracht.

Inplaats van zelf de kar te duwen, gebruikte men trekhonden, zoals hier de melkboer.

Wie het Leiden uit de goede oude tijd wil zien zoals het geweest is moet zijn zwerftocht beginnen langs die gracht, langs het Rapenburg. Men moet daar niet de koopmanspronk van de Amsterdamse grachten zoeken, noch de intimiteit van de grachtjes van Delft. De allure van het Rapenburg ligt tussen die twee. Zij is louter waardige bescheidenheid.

Kies voor uw zwerftocht het uur waarop oude dingen weer terugkeren tot de rust van weleer. Kom er tegen zonsopgang wanneer de studenten slapen, het luide verkeer nog niet is ontwaakt en overal vogels zingen in de tuinen van de oude huizen die hun gevels in het water weerspiegelen. Dan is het Rapenburg een van die schone dubbele straten aan weerszijden van de gracht van een universiteitsstad waar het maar al te makkelijk is voor de wandelaar om zich terug te wanen in de goede oude tijd toen een professor nog verstrooid en wereldvreemd moest zijn om een goede professor te zijn.

Het is wonderlijk om te ontdekken hoezeer het oude Rapenburg eigenlijk alle takken van handel en wandel behuist. Hier woont de notaris, ginds de dokter, iets verder de kapper of de accountant. Er zijn studentenhuizen, een museum, een laboratorium en zelfs een modezaak. Maar al die mensen, instellingen en beroepen verbergen hun leven bescheidenlijk achter gevels die van historie spreken. Het is alsof iedereen voelt dat het Rapenburg het Rapenburg moet blijven: een schone stille gracht met de vloeiende lijnen van zijn wijde bocht en van zijn hoge stenen bruggen. Niets lijkt hier gemaakt of gedaan. Alles lijkt geworden en gegroeid. Zelfs de gevel van een fabriek heeft zich gehoorzaam naar beste weten ingepast in het geheel van de voorname rust van het oude Rapenburg.

De drogist wist met zijn
kruiden voor alle kwalen raad:
vlierthee bij koorts en
valeriaandruppels tegen de
zenuwen.

Wie schrijft, die blijft, ziet man de dikke heer denken. Zijn medekaarters spelen of hun leven er vanaf hangt.

Er is in heel Nederland geen gracht te vinden die zozeer een eenheid is. Alles past bij elkaar en hoort bij elkaar: de kleine burgermanshuizen aan het eind, de statige patriciërshuizen aan het begin en de huizen uit de vorige eeuw in het midden met marmeren gangen van meer dan 25 meter lang.

Ik vertoonde mijn dierbaar Rapenburg eens trots aan een Amerikaan. Het was zonsopgang en doodstil maar hij reageerde niet op zoveel goeds en schoons. Ik ergerde mij. Gelukkig, ik had ongelijk, zoals wij hoogmoedige Europeanen maar al te vaak hebben wanneer wij meteen klaar staan met ons oordeel over Amerika en de Amerikanen.

Wat ik voor zwijgende afwijzing van mijn geestdrift voor goede en oude dingen gehouden had, was sprakeloze verrukking over het herkennen van zoveel dat de Amerikaan met een ongeweten heimwee naar de Oude Wereld vervult. Opeens bleef mijn gast midden op straat staan, zuchtte diep en zei: 'Wat een heerlijkheid om in een stad te lopen waar de straten bochten en namen hebben in plaats van nummers en blokken...'

Het was op dat ogenblik dat verderop de uitermate luide joelende stemmen klonken van een paar studenten die eerst met zonsopgang van een feest naar huis zwaaiden.

Ik begon haastig excuses te maken voor deze verstoring van onze goede stilte, maar hij glimlachte verontschuldigend. Twee aangeschoten studenten konden voor hem de rust van het Rapenburg niet verstoren...

Over Volendam maar een enkel woord. Nergens in de Lage Landen heeft men mijns inziens met zoveel kunst en vliegwerk vergeefs getracht de goede oude tijd in stand te houden als daar. Volgens mij zou niet één Volendammer meer klederdracht dragen als men de toeristen uit Amsterdam niet bij hele busladingen tegelijk naar zijn woonplaats sleepte. Dat kan verkeerde gevolgen hebben.

Op een goede dag verscheen een Amerikaanse familie in eigen auto in Volendam. Vader, moeder en drie allerliefste kinderen tussen vier en acht. Natuurlijk werden ze door een fotograaf meegesleept in zijn 'atelier'. Daar werd het gezelschap deskundig in Volendams kostuum gestoken en vervolgens gefotografeerd voor thuis. Maar alsof dat nog niet genoeg was werd het gezin ook nog buiten op straat geposteerd voor meer foto's in de originele Volendamse omgeving. Ik moet zeggen: het geheel zag er piekfijn uit. Het kostuum stond vader en moeder uitstekend en de kinderen waren eenvoudig om te stelen. Terwijl zij nog stonden te poseren stopte er een bus waaruit een hele horde Amerikaanse toeristen barstte die onder de juichende kreet: 'Real Dutch kids!' als razenden begonnen de kinderen van hun verklede landgenoten te kieken.

Was het vroeger zoveel beter dan nu in deze wereld? Veel wel, maar makkelijker was het leven lang niet altijd. Er zijn prenten te over – en niet eens altijd spotprenten – waarop men mevrouw ziet afgebeeld met haar kamenier.

Wat nu in grote fabrieken gebeurt, gebeurde vroeger gewoon thuis. De vrouw van de wever spon de wol die de wever zelf op het weefgetouw verder verwerkte.

Mevrouwen mogen vroeger dan al jong matrones geweest zijn, dat neemt niet weg dat de vrouwelijke ijdelheid sinds Eva heeft bestaan. Een nagestreefd schoonheidsideaal is er geweest zolang er vrouwen hebben geleefd. Dat ideaal heeft in de loop der tijden vele vormen gekend. Men kan vandaag aan de dag zeggen dat het zich van het ideaal van een schone vrouw heeft ontwikkeld tot het ideaal van een mooi jong meisje. De Venus van Milo, in het Louvre te Parijs te bewonderen, zal door de huidige jonge meisjes van dertig tot vijftig jaar oud, beschouwd worden als 'een mollige tante'. De 'zwangerschapsmode' van sommige middeleeuwse schilders die geportretteerde dames flatteerden met een buik alsof zij in de zevende maand waren, zou in deze dagen als afschuwelijk verworpen worden. De vrouwen en godinnen die de grote Rubens als schoonheden afbeeldde, puilen overal waar een vrouw maar puilen kan, borsten, buik, dijen en kuiten. Het was alles overdadig vlees wat er blonk. Titiaans 'Rustende Venussen' zijn schoon maar nog altijd afgebeeld met een genereus bekken. Eerst de negentiende eeuw zou zich met Goya's 'Naakte Maja' en daarna met Manets 'Olympia' van het vrouwelijke naar het jonkvrouwelijke beginnen te wenden. Met die wending kwam ook de vrouwelijke behoefte aan de wespetaille. Vandaar de hierboven vermelde platen van de kamenier die – ondanks de toen nog gebruikelijke eerbied van het personeel voor zijn meerderen – de voet in de rug van mevrouw zette om zo uit alle macht aan de koorden van het korset te kunnen trekken terwijl mevrouw met vertrokken gezicht de adem inhield en de buik introk.

Het was niet het enige ongemak dat men die dagen te lijden had, voor zover men zich hiervan al als 'lijden' bewust was.

Men kwam thuis in de hoge ijskoude marmeren gang zonder verwarming. Men zocht in de huiskamer zijn weg naar het midden van de donkere ruimte vol obstakels, streek een zwavelstokje af en stak olie- of later gaslicht aan, voorzover dat niet van te voren door het personeel was gedaan of nu werd gedaan. Dan zocht men warmte bij haard of kachel en commandeerde het kamermeisje een warme beddepan in het koude bed op de nog koudere slaapkamer te leggen.

Hoe dit alles toeging bij de armen kan men zich voorstellen. Maar al te vaak zal men het geheel zonder verwarming hebben moeten stellen.

En nu?

De schakelaar voor het elektrisch licht zit naast de deur. De centrale verwarming bestrijkt het hele huis. Bijzonder kouwelijke lieden kruipen straks onder een elektrisch verwarmde deken en genieten voor het slapengaan bij het licht van het leeslampje boven het bed nog knus een paar pagina's van de laatste 'thriller'.

Een thermostaat regelt intussen de behaaglijke kamertemperatuur. Misschien dat men zich voor het slapengaan nog een goed gekoelde whisky of campari uit de koelkast heeft verschaft.

Vooruitgang alom.

Maar ook een grenzeloze verwenning die geen mens meer als zodanig ervaart. Een boodschap op een afstand van tien minuten lopen?... Men dramt liever een half uur tot men zijn auto eindelijk heeft kunnen parkeren dan voor zo'n eindje de benen te gebruiken. We gaan op reis met het vliegtuig of onze eigen auto. Tenzij we die meenemen op de auto-trein. Wij hebben een diaprojector met afstandbediening waarmee wij vervelde gasten de nieuwste dia's van onze laatste safari naar Afrika opdringen. Wij kunnen ons alles permitteren. Ook zo'n safari temidden van olifanten en leeuwen levert geen enkel gevaar op. Tenslotte doen we alle excursies per bus en onder ervaren geleide. Leeuwen op geen drie meter van ons vehikel zijn even onschadelijk als de kat thuis.

Raken Spanje en Griekenland overbevolkt met toeristen en dus uit de mode, dan gaan wij een huisje verder naar Marokko of de Canarische Eilanden. Wordt het ook daar te vol en te duur dan maken we een cruise naar IJsland of de Galápagos Eilanden voor de kust van Ecuador. De hele wereld ligt binnen ons bereik. We zijn al niet meer tevreden met één vakantie per jaar. De wintersport hoort er ook bij. Niet meer zoals vroeger: de bergen opzwoegend met zeehondevellen onder de ski's. Veel te vermoeiend en te langdurig. Eenvoudig een kaartje nemen voor de kabelbaan en dan over een van tevoren geprepareerde 'piste' terug naar het dal. Is het seizoen afgelopen dan laten we ons met een helikopter nog hoger afzetten waar altijd sneeuw ligt. Ja, alle mogelijkheden liggen binnen ons bereik. Maar wat zal het gevolg zijn? Als we alles gehad en gedaan hebben, zal alleen de verveling blijven. Dan zal er geen top meer te veroveren zijn, geen strand te ontdekken, niets meer te wagen. Wat ons scheidt van de goede oude tijd is vooral dat wij ons voor niets meer moeite hebben te geven. Alles wordt ons op een presenteerblaadje aangebo-

De smid nam een belangrijke plaats in. Alle paarden moesten bij hem terecht voor nieuwe hoefijzers.

den. Er was een tijd dat sport alleen lichamelijke en geestelijke voldoening opleverde, tegenwoordig bij de profs vaak alleen overmatig veel geld.

Er was een tijd dat de kunstenaar bereid was om te hongeren en te dorsten als hij zijn roeping maar kon volgen. Die tijd is in de Lage Landen voorbij. Soms krijg je het idee dat men alleen maar een 'plastiek' van ijzerdraadjes in elkaar hoeft te flansen, een 'constructie' van staal aaneen te lassen, of met verf en penseel te bewijzen dat men de eerste beginselen der tekenkunst zich niet heeft eigen gemaakt, en men wordt officieel tot 'KUNSTENAAR' verheven. Let wel, in feite tot door de overheid betaalde ambtenaar. Immers men moet met enige regelmaat een 'contraprestatie' afleveren; een plastiek, een constructie of een schilderij dat door de overheid wordt aangekocht en vervolgens met honderdduizenden even waardevolle contraprestaties ergens op een zolder opgeslagen omdat de overheid niet weet wat hij aan moet met de produkten van al die lieden die door zichzelf en hun gelijkgezinden tot 'kunstenaar' verheven zijn. Ik voorzie dat de ambtenaren-kunstenaars binnenkort in staking zullen gaan om een hogere vergoeding voor hun meesterwerken te verkrijgen. Waag het niet tegen deze gang van zaken te protesteren. De macht op kunstgebied is in de Lage Landen in handen van een kleine groep, een gilde van museumdirecteuren en krantenschrijvers die u aan de schandpaal zullen

De klokkenmaker gebruikte een trapdraaibank om alle asjes en tandwielen voor de klokken zuiver rond te maken.

nagelen als zijnde 'niet progressief, niet sociaal geëngageerd, niet modern bewogen', kortom als een triest overblijfsel uit een allerminst goede oude tijd. Dat hun troetelkinderen de kunstenaars gewone ambtenaren zijn wordt door het gilde niet vermeld. De hoofdzaak is dat u meneer, het ergste bent wat er nog op deze wereld bestaat: u bent ouderwets!

Maar één keer zal het leven zich wreken op de wereldomvattende wijsheid van het gilde. Wanneer binnen korter of langer tijd de mens het beu zal worden dat hij zich nergens moeite meer voor hoeft te geven, dat er niets meer te veroveren valt, dan zal hij naar het gruwelijkste middel grijpen dat hem dag en nacht ter beschikking staat om zijn radeloosheid te bedwingen. Dan zal hij, al protesterende, demonstrerende, manifesterende tegen de oorlog zelf oorlog maken. Waarom? Bij gebrek aan beter. Het leven heeft hem iedere noodzaak of mogelijkheid tot strijd ontnomen, en dan zal hij de strijd voeren om der wille van de strijd. Eén druk op de knop... Nee, misschien zal het allemaal beter aflopen. Niet altijd zal alles ons op een presenteerblaadje worden aangeboden.

Misschien komt het nog eens zover dat we gedwongen zullen worden tot een waarachtige versobering wanneer de olieproducerende landen de kraan van onze overvloed nog verder dichtdraaien. Eerst dan zal een heilzaam heimwee

Klokken die nu antiek zijn,
werden toen gemaakt.

Dit boek is gedrukt in zeven
kleuren. De drukker van toen
zou elke bladzijde zeven keer
met de hand door de pers
hebben moeten draaien . . .

ANTON PIECK

naar de goede oude tijd ons tot bezinning kunnen brengen.

En daarom, ga nu al met Anton Pieck op een safari die binnen ieders bereik ligt, de safari naar de goede oude tijd die nog lang niet in zijn geheel verdreven en ontluisterd is door het luid en lelijk heden!

Waarom is dat speciaal in de Lage Landen bij de Zee nog zo evident het geval? Omdat vrijwel nergens in Europa men zo ver gevorderd is in het ongeschonden bewaren en dikwijls zelfs in het verfraaien van het oude. De kunst van de restauratie van oude bouwwerken bloeit in dit land als nooit tevoren. Een goed teken want die fameuze goede oude tijd is maar al te vaak slordig omgesprongen met gebouwen die nu monumenten zijn. Twee namen dienen hierbij genoemd. Die van Viollet-le-Duc in Frankrijk en van De Stuers bij ons. Zonder hen zou een in veel opzichten gevoelloze vorige eeuw veel ouds en schoons hebben laten verkommeren of zelfs hebben gesloopt. Geen beter voorbeeld dan het middeleeuwse Carcassonne in Zuid-Frankrijk dat door Viollet-le-Duc werd behoed voor algehele vernietiging en door hem werd gerestaureerd – misschien te eenzijdig – tot het pronkjuweel dat het nu is. De een heeft Frankrijk de ander Nederland wakker gemaakt door met hartstocht te wijzen op de schandelijke manier waarop men in beide landen omsprong met zijn historische monumenten. Zonder hen zou onze wereld armer zijn ook al hebben beiden volgens hedendaagse begrippen fouten gemaakt. Aan De Stuers is het te danken dat het Rijksmuseum in Amsterdam werd gesticht en – gebouwd door Cuypers, een leerling van Viollet-le-Duc – in 1885 werd geopend. Cuypers bouwde ook het Centraal Station, maar dat is een minder vrolijke geschiedenis. Het zou met één stem meerderheid geweest zijn dat de Tweede Kamer in 1883 besloot dat het nieuwe Centraal Station in Amsterdam aan het IJ te bouwen was. Vermoedelijk een grove fout, een beangstigend gebrek aan vooruitzien. Tot dien toe had Amsterdam, de trotse koopmanstad open gelegen naar het water van zijn haven het IJ dat het groot gemaakt had. Van het Plein van de Dam kon men de vrachtvaarders, raderboten, schroefstoomschepen en talloze zeilers zien komen en gaan. Dankzij een meerderheid van één stem werd de oever daar nu opgespoten tot een nieuw stuk vaste wal waarop het bouwwerk van Cuypers verrees dat het uitzicht voor eens en voor al afsloot. Amsterdam keek niet langer uit op het water. Het wendde het gezicht af van het IJ. Men zou geneigd zijn te zeggen dat het daarmee zijn elan als wereldhaven voorgoed verloren heeft.

Was er een andere oplossing geweest...? Ja zeker. Men had de blik naar het IJ en daarmee naar de toekomst open kunnen laten. Men had het nieuwe station in Amsterdam-Zuid kunnen bouwen, bijvoorbeeld waar nu het Stadion is verrezen. Wat zou het gevolg zijn geweest? Het hele zakenleven zou naar Amsterdam-Zuid getrokken zijn en de oude stad binnen de grachten zou een woon- en kantoorstad zijn geworden, een noordelijk Venetië. En nu? Een in tekort aan ruimte en teveel aan zakelijk verkeer verstikkende binnenstad die de schoonheid van het oude hart van de eens zo trotse en statige stad ziet verdrinken in opstoppingen, gedrang en lawaai. Amsterdam is een boze stad geworden.

Maar de oude grachten blijven wondermooi, ondanks de eindeloze rijen langs de kant geparkeerde auto's en dankzij de initiatieven en het inzicht van een man wiens kruistocht voor het behoud van Nederlands monumenten een volle eeuw geleden begon: Victor de Stuers. Dankzij hem is er nauwelijks een land ter wereld waar het restaureren van oude bouwwerken met een dergelijke liefde en kunde bedreven wordt als het onze. Vergaap u aan het verrukkelijke stadhuisje van Gouda en vergeet dan maar dat 'De Rijkscommissie voor de Monumentenbeschrijving' in haar 'Kunstreisboek' vermoedelijk onze vereerde De Stuers op het oog heeft wanneer zij vinnig schrijft: 'Het heeft sterk geleden... van een restauratie omstreeks 1880, waarbij de voorgevel is vervangen door een slechte kopie in andere dan de oorspronkelijke kalksteensoort.' Zo'n Rijkscommissie toch! Dat neemt me geen blad voor de mond! Laat dat u niet verhinderen om naar het Groningse platteland te gaan en de kerk van Stedum te bewonderen, of ga u te buiten aan de schoonheid van gras, water en steen van de oude provincie Noord-Holland. Daar slaat de wind vlagend door. De wolkenmassa's drijven levend licht en schaduw heinde en ver over het verschiet en ook over een stuk waterlandschapshistorie en de zoveelste liefdevolle restauratie. Links het oeroude land met kronkelende sloten, soms breed als kreken, met de weilanden als grillige eilanden daartussen; rechts het nieuwere land van de Beemster met zijn doodse rechte lijnen. De Beemster eens een deinende, landvretende watervlakte, werd in het begin van de zeventiende eeuw door de waterbouwkundige Jan Adriaenszn Leeghwater met molens en liniaal drooggelegd en tot polder gemaakt. Ook toen

Om meer klanten te trekken hing de boekhandelaar bij mooi weer zijn prenten buiten.

waren er al planologen die de rechte lijn tot hun Godin der Liefde hadden verheven, maar dat was vergeeflijker en begrijpelijker dan nu. Toen betrof het de strijd tegen het water dat het land opvrat, nu lijkt het wel een strijd te worden tegen de weinige ons nog resterende schone natuur, die wij met onze rechtlijnige techniek laten opvreten alleen om de mensheid te laten zien hoe veel lelijks we met die techniek kunnen maken. Gelukkig heeft Leeghwater even verder in De Rijp, zijn geboorteplaats, alles weer goed gemaakt. In dat mini-Venetië-in-de-polder staat een door hem ontworpen Raadhuisje-cum-Waag als een juweel in het grotere sieraad dat De Rijp zelf is.

Het hart van De Rijp heet bescheiden 'De kleine Dam' maar er is meer te zien dan op de Dam in Amsterdam. Een ophaalbruggetje, een sluisje dat getimmerd lijkt alleen om er door te spelevaren; een watertje met de achterkant van huizen er vlak aan of zelfs er in zoals in het echte Venetië; en overal aan de 'Rechte Straat' huisjes met de groen-houten bovengevel van de aloude Zuiderzee-architectuur. In een rustig café ''t Stadhuis van Amsterdam' dronk ik een glas en keek aangenaam verrast naar het poëtisch opschrift boven de tapkast tegenover de twee biljarten.

Vrolijk is hier het milieu

Drink een glas en neem de keu.

Dat laatste heb ik niet gedaan, want aan het tafeltje naast het mijne zat een sympathiek en deftig heer wiens uiterlijk mij een schok van vreugdevol herkennen gaf. Ik wist meteen dat wij elkaar al eens eerder ontmoet hadden, maar ik kon met geen geweld op zijn naam komen. Daarnaar durfde ik hem ook niet vragen want hij zag er bepaald ouderwets-deftig uit.

'Veroorloof mij aan uw tafel plaats te nemen,' zei hij. Ik boog gevleid.

'Wanneer u uw glas geledigd hebt zal ik mij permitteren u het doel van mijn komst in De Rijp te tonen,' kondigde hij aan.

Ik sloeg mijn glas meteen om. Hij stond op.

'Volg mij.'

Via het raadhuisje en het klapbruggetje bracht hij mij naar een machtige gotische kerk. De deur stond aan. Wij gingen binnen en ik stond verbijsterd: een kerk zo licht en zuiver als weinige, met een geheel houten gewelf en ramen als schilderijen.

'In 1654,' zei de deftige heer op wiens naam ik nog altijd niet komen kon, 'werd deze kerk vrijwel geheel in de as gelegd. Bijna dadelijk werd met de wederopbouw begonnen. De nieuwe kerk ontving deze ramen, in hun milde tinten als waterverfschilderijen, van goede gevers en omliggende steden.'

Ik liep langzaam van raam tot raam. De bovenkant droeg allegorische voorstellingen soms als stukken van Rubens, maar op de onderzijde straalden gezichten op de waterkant van Enkhuizen, Monnikendam, Medemblik en ga maar door. Kleine landschappen van golven en meer golven, van uit- en thuisvarende schepen, zo licht en vreugdig gepenseeld alsof het water door de eeuwen heen alleen maar onze vriend is geweest.

'Eens was De Rijp het honk van vissers en walvisvaarders,' verklaarde mijn onbekende bekende. 'Later, afgesloten van de Zuiderzee, werd het een poldergemeente.'

Ik keek weer verrukt naar de prachtige ijle schilderingen.

'Deze wonderschone ramen,' zei mijn metgezel plechtig, 'dienen van buiten beschermd te worden tegen rondvliegende voorwerpen zoals verdwaalde vogels of het speeltuig van onnadenkende jeugdigen zoals ballen of zelfs steentjes. Daarom is men in De Rijp een ''gaasactie'' begonnen. Men wil door het bespannen met een ijle gazen bescherming van buiten deze kerk-ramen niet ontluisteren maar wel voor het nageslacht ongeschonden bewa-ren.'

Hij vroeg er niet om, maar ik greep al in mijn zak naar zo veel mogelijk geld om deze actie te steunen.

Dat heb ik niet kunnen doen. Toen ik een handvol guldens naar hem wou uitstrekken, was hij als bij toverslag verdwenen. Op hetzelfde ogenblik wist ik zijn naam weer: Victor de Stuers!

Geen beter figuur om een mens uit de goede oude tijd aan te illustreren dan de waterbouwkundige Jan Adriaenszn Leeghwater die in De Rijp werd gebo-ren, ook al moeten we dan om zijn leven te schilderen veel verder teruggaan dan de negentiende eeuw die we bij voorkeur als zodanig hebben gekozen, en wel helemaal tot in 1575. Ik weet niet of het waar is, maar volgens mij had hij oorspronkelijk geen familienaam maar heette zoals tallozen in die dagen alleen met zijn voornaam Jan, waaraan ter verduidelijking die van zijn vader werd toegevoegd: Adriaenszoon. Ik ben er van overtuigd dat de toepasselijke familienaam Leeghwater hem pas later is gegeven, of door hemzelf is aange-nomen toen hij als inpolderaar van de Beemster, de Purmer, de Wormer en

Ook tegenwoordig verheugt het ouderwetse speelgoed zich weer in een grote belangstelling.

de Schermer en nog meer destijds vervaarlijke meren leeg van water had gemaakt.

Hij was oorspronkelijk timmerman en verwierf zich als zodanig al gauw naam als bouwer van watermolens. Hij liet het daarbij niet. Op dertigjarige leeftijd kreeg hij al octrooi voor het gebruik van een door hem geconstrueerde duikerklok waarin hij maar liefst drie kwartier onder water wist te blijven, met Prins Maurits als toeschouwer. Het water had het hem aangedaan. Zo raakte hij betrokken bij de droogmaking van de Beemster. De boeren waren tevreden met het project. Het meer vrat steeds weer een stuk van hun oever-landerijen af. De vissers hadden de grootste bezwaren. Het meer met zijn rijkdom aan paling wilden zij niet missen. 's Nachts staken zij de ringdijk door, maar Leeghwater en de zijnen hielden vol. Nieuw land verrees uit het water. Rijke nieuwe grond.

Volgens de schaarse bronnen uit die dagen kreeg Leeghwater zo'n grote naam dat hij tot in het buitenland om hulp en raad gevraagd werd. Hij werk-te in de Duitse bocht in Holstein. Hij werd ontboden naar Bordeaux waar men een moeras wilde droogleggen. Hij reisde in Engeland en besloot min of meer zijn leven met het schrijven van een boek over de noodzakelijke droog-legging van de Haarlemmermeer.

Zo werd zijn roem van generatie op generatie doorgegeven. De grote water-bouwkundige! Maar zijn biograaf De Roever noemt hem 'een naïeve en zeer met zichzelf ingenomen man' en zegt dat hij persoonlijk het nodige heeft bij-gedragen tot zijn eigen legendevorming, een legende van grootheid die hij niet verdiende.

Waarom dan deze figuur met zijn kennelijk overdreven roem gekozen als een voorbeeld van iemand uit de goede oude tijd?

Voornamelijk om het beeld van zijn reizen. Van De Rijp naar Bordeaux. Hoeveel ongemakken te verduren? Hoeveel dagreizen in de postkoets? Hoe-veel herbergen met ongedierte? Uit Lotharingen terug naar huis. Van Metz per schuit de Moezel af en van Koblenz per Rijnschip via Arnhem naar huis. Geen bebakend vaarwater. Geen raderboot. Stilte, het zoeven van de wind door de tuigage, het klotsen van het water onder de kiel en de zekerheid dat er menig Rijnschip al op een verborgen rotspunt was gelopen.

Het is altijd bitter afscheid te moeten nemen van een legende waarin men heilig heeft geloofd. Helaas, van de legende die Leeghwater hemelhoog heeft verheven als de grote waterbouwkundige van de zeventiende eeuw, blijft bij nadere beschouwing niet veel over. Zijn duikerklok zou nauwelijks meer dan een kermisachtige bezienswaardigheid zijn geweest, zijn beroemde boek over de Haarlemmermeer zou in zijn eenvoud niet in de schaduw kunnen staan van het werk van een tijdgenoot dat tezelfder tijd het licht zag. Blijft alleen zijn naam die zo sprekend was voor een inpolderaar dat die misschien voor een groot deel debet is aan zijn lang niet in alle opzichten verdiende roem. Blijft bovendien het vaststaande feit dat hij geloofde in zichzelf. Misschien dat dit geloof voor een deel niet meer was dan hoogmoedige trots op kwalitei-ten die hij in veel mindere mate bezat dan hijzelf dacht. Dat neemt niet weg dat er zonder trots geen legendevorming bestaat en dat iedere legende een kern van waarheid bevat. Ook die van Jan Adriaenszn Leeghwater, al zou hij die alleen maar danken aan de verbeelding die zijn toepasselijke naam oproept.

Duizend aangezichten van mensen en landschappen kenmerken de Lage Landen van noord naar zuid en van oost naar west

Waarin de schrijver spreekt van de niet aflatende strijd tegen en soms met het water als bondgenoot, een strijd die door de eeuwen heen het aangezicht van de Lage Landen steeds weer heeft veranderd. Maar niet het aangezicht van de eens machtige, nu dode stad Enkhuizen en niet de dijk der dijken in de kop van Noord-Holland die via zijn honderden jaren oude kronkelgang een machtig deel is en blijft van die goede oude tijd. Waar hij zijn lezers tot rust en verpozing noodt in de bossen van het Nationale Park 'De Hoge Veluwe', aan de Friese waterkant in Harlingen en op een dijk langs een van de grote rivieren midden door de Lage Landen.

Musea had men in de goede
oude tijd niet veel. Als ze er
wel waren dan hing men zoveel
schilderijen op, dat men ervan
duizelde.

JA, het is moeilijk om afscheid te nemen van een ontluisterde legende. Zo gaat het mij met Leeghwater. Heldenverering is makkelijker dan begrip voor een gewone mens met gewone fouten. Misschien is het daarom dat Jan Adriaenszn Leeghwater tegen beter weten in de personificatie blijft van alle deugden die ons in de zeventiende eeuw sierden: inzicht, ondernemingslust, durf en godvruchtig aanvaarden van kwade kansen. Ik weet dat ik daarmee niet Leeghwater maar de historie onrecht doe, maar het kost mij te veel moeite om afscheid te nemen van een dierbare legende. Waarom zou ik niet opzettelijk aan een sprookje blijven geloven als de werkelijkheid zo veel minder verheffend is? Waarom zou ik niet terugkeren naar Leeghwaters tijd en zijn land bereizen om hem daar in zijn sprookje terug te vinden? Wij allen kennen het heimwee naar die goede oude tijd, om het even of wij die nu situeren in de loop van de negentiende, de twintigste of de zeventiende eeuw.

Het is met de goede oude tijd als met iedere historische periode: het is moeilijk om vast te stellen wanneer hij begint en wanneer hij eindigt. Dat laatste kost mij niet zo heel veel moeite. Voor mij begint zijn einde in mijn kinderjaren toen ik heel op Toornvliet de dreun van het Duitse geschut tegen de Belgische IJzerlinie kon horen. Dat einde werd één wereldoorlog later voltooid toen op 3 oktober 1944 zware Britse bommenwerpers de machtige zeedijk bij Westkapelle bombardeerden en daarmee het verdrinken van de tuin van Holland, het eiland Walcheren inluidden. 'Inundatie' heette dat officieel. Genoodzaakt door de aanwezigheid van de Duitse bezetter. Het slot op de deur van de Schelde die toegang gaf tot Antwerpen moest geforceerd worden. Was de 'inundatie' werkelijk nodig? Ik weet het niet, maar ik weet wel dat de Engelsen de zaken zorgvuldiger overwogen zouden hebben als het Brits gebied had betroffen. Ik heb het Montgomery nooit helemaal vergeven...

Dat was voor mij – aanbidder van het schoonste eiland ter wereld – het definitieve einde van de goede oude tijd. Maar het begin...? Zeker niet de Romeinse keizertijd, toen de keurigste Romeinse families elkaar te gif en te zwaard uitmoordden. Mij dunkt ook niet de latere middeleeuwen met hun heksenprocessen en hysterische uitbarstingen. Laten wij het daarom maar houden op de dagen van mijn legendarische Nederlander, Jan Adriaenszn Leeghwater. Zijn zeventiende eeuw was ook nog een rauwe tijd, maar kwam ons begrip van gemoedelijke matigheid toch nog vrij nabij. Zeker, na een zeeslag werden strijk en zet de gevangenen 'de voeten gespoeld' hetgeen wil zeggen dat zij overboord werden gegooid en onder gepaste bijval verdronken. Maar het was niet alles even ruw wat er gebeurde. Daarom ben ik de man die alleen tegen het water vocht en niet tegen de vloten die het buitengaatse bevoeren, nagereisd naar zijn eigen tijd en zijn eigen waterrijke geboortegrond, die toen nog een verzameling eilandjes in het rauwe binnenland van het gewest Noord-Holland was.

De kop van Noord-Holland is het land van de wind. Dat is het altijd geweest. Het is het platste stuk van het groene kustgebied. Het is alsof het van dijk en duin – hier natuurlijke, daar kunstmatige zeewering – tot aan de horizon in het binnenland is platgewaaid. Elders in het westen van de Lage Landen lijken de poldervlakten te ademen met een nauw merkbaar hoog en laag, maar in de kop van Noord-Holland is die adem afgesneden door de wind zoals de storm de gesproken woorden terugduwt in de mond van de mens. Toch is ook daar hoog en laag. Zeker onze streken heten niet voor niets De Lage Landen bij de Zee. Onze hoogste berg – en op dat woord zijn wij verbazend trots – ligt in Zuid-Limburg bij de drielanden-grens met Duitsland en België. Hij is – lach niet – 322 meter hoog. Maar elders zijn hoogtepunten van een of twee meter, soms nog minder, vanwaar het uitzicht mits door een minnaar

Zo was het ook in het museum voor 'Natuur en Techniek' waar de mensen maar met moeite konden rondlopen.

van de goede oude tijd genoten, even treffend is. Het is allemaal maar betrekkelijk. Soms is een halve meter boven het maaiveld al voldoende om u versteld te doen staan. Ik geef u een hoogtepunt voor we terugkeren naar de kop van Noord-Holland. U rijdt over de Drentse Hondsrug naar het zuiden. U passeert eerst een paar dorpen en dan een bos. Wanneer de weg uit het bos tevoorschijn komt zet u een paar mijl verder uw koetsje aan de kant. Nu niet onmiddellijk protesteren dat dit geen hoogtepunt is. U staat WEL op een hoogtepunt. Uit het bos is de weg in een flauwe stijging opgelopen naar de even flauwe bocht waarlangs uw koetsje nu stil staat. Hij heeft u misschien maar een paar meter boven het uitzicht gebracht, maar het uitzicht is er. Een uitzicht zo Drents als u het maar wensen kunt. Uw koetsje en u staan op een machtige open plek in het lage bos. In uw onmiddellijke omgeving: klaver, haver en aardappelen, verder weg de stille geledeen van lage eiken. Ergens daarachter de strooien daken van een gehucht onder hoog hout. Door dat alles de lijn van de weg die ginds uit het bos tevoorschijn komt en aan de andere kant van de open plek verdwijnt over de volgende glooiing van de eeuwenoude Hondsrug.

Nu niet meteen weer in uw koetsje. Ten eerste kunt u een heerlijk veldboeket langs de landweg plukken en ten tweede heeft deze hoogvlakte in het bos nog

Bijzondere dingen zag men niet alleen in musea; in de curiositeitenwinkel was het ook niet alledaags.

De spullen die de mensen weg deden, gingen naar de rommelmarkt.

iets anders. Kijk goed, en u zult in de contouren van het land om u de Drentse heidevelden van weleer herkennen. Onder haver, klaver en aardappelen
zult u even de grote heide zien opbloeien, heinde en ver vervuld van het ge-
rucht van bijen... De goede oude tijd...

Maar die heeft duizend aangezichten, zus in Drente, zo in de kop van Noord-
Holland. In Schagen bijvoorbeeld. Niet al die gezichten zijn even mooi.
Schagen kan bogen op een Hervormde Kerk midden op het marktplein die
bijna mooi is van lelijkheid. Zij is als een vrouw die de Fransen 'une belle lai-
de' noemen. Kom met mij naar Schagen en leer dat de kerk op zijn markt die
onnavolgbare bekoring heeft die alleen uit een brutaal gebrek aan schoonheid
kan voortkomen. Kom met mij naar Schagen en leer daar dat de brave negentiende eeuw dikwijls in een handomdraai de schandelijkste vernietiging
van ouds en goeds heeft aangericht zonder een schijn of schaduw van
schaamte. Schagen is oud, maar het is er met de jaren niet mooier op geworden. Het Slot van Schagen werd al tegen 1400 gesticht. Het zou er nog in volle indrukwekkendheid staan, maar het kwam, aldus Marinus Schroevers 'in
1706 door huwelijk van de enige dochter van de laatste heer van Schagen aan
het Belgische geslacht Oultremont... In 1821 werden de uit Carthago af-
komstige zuilen... naar België getransporteerd. Slopers ontfermden zich
over het eens zo mooie kasteel en braken het in de jaren 1879-1880 af.'
'Slopers ontfermden zich...' Wel ja! De goede oude tijd kende maar al te
vaak geen medelijden met het goede en oude dat wij nu alom angstvallig be-
hoeden.

Kom daarom gauw mee naar buiten in het winderige land van de kop van Noord-Holland waar nog mijlen uitzicht zijn die alleen van goeds en ouds spreken, waar bovendien een dijk kronkelt, even oud en vreemd als een sprookje. Stap in mijn koetsje en rij mee. We hebben haast, willen we voor het donker terug zijn in Schagen. Wij hebben ook haast omdat de wind is aangegroeid tot storm en de storm tot orkaankracht dreigt te zwellen. Het heeft geen zin om met koets en al van de dijk te waaien, want het is ongetwijfeld de hoogste en steilste dijk van Nederland. Hij kronkelt als een tropische rivier. Het gras op zijn kruin ligt plat in de storm. De boerderijen met hun typische piramidevorm van het voorhuis liggen aan weerszijden in de diepte. Daar niet het keurige beeld van rechte slootjes, maar brede watertjes, bochtig en kronkelend als de dijk daarboven, vaartjes overgebleven uit het geboortejaar van Leeghwater toen dit land nog een verzameling eilandjes was. Ver vooruit licht de zonsondergang al rood op achter de zwarte duinen van Schoorl. Noordelijker jagen de vlagen ongehinderd over de rechte baan van de Hondsbossche Zeewering. Bij Schoorl keren we om. Het is hoog tijd. We rijden dezelfde weg terug. Huiverende watertjes onder aan de torenende dijk liggen nu al bijna in het donker; het laatste licht van de stormachtige schemer voelen wij achter ons verdwijnen. De storm fluit en huilt nu om ons voertuig. Het wordt een wedren met de nacht. We krijgen een smachtend verlangen naar de warmte en beschutting van ons logement aan de Markt in Schagen 'De Gouden Engel'.

Rijden maar! Rijden maar door de nog altijd fellere storm. We halen het. Met het laatste vermoeden van licht rijden wij Schagen binnen, de wielen bonkend over het plaveisel dat de hele koets ervan schokt.
Pas wanneer we stilstaan voor 'De Gouden Engel' zien we dat onze hotsende koets geen koets was maar een auto met twee lekke voorbanden.
Een voorbijganger kijkt ons even meewarig aan en loopt dan verder.
'Wat een raar pak had die vent aan,' zeg ik hardop. Dan herken ik hem pas: 'Jan Adriaenszn Leeghwater!' roep ik, maar hij is al een straathoek omgeslagen en verdwijnt in de storm met een glimlach achterom waaruit blijkt dat hij mij heeft vergeven dat ik hem alleen als een legende heb willen schilderen.

Waar men ook het gezicht van Nederland tracht te ontdekken, bijna overal zal men het uit het water zien verrijzen. Zelfs daar waar men nu vruchtbare landbouwgronden vindt op welig heuvelland is ooit het leven van de schaarse bewoners bepaald door moerassen, die vriend en vijand de doortocht ontzegden of door beken en stroompjes die van jaar tot jaar de gang van hun loop veranderden, tot die eindelijk door de mens in een veelal dorre kanalisatie eens en voor al werd vastgelegd.
Zoals alle naties becijferen wij onze geschiedenis met de jaartallen van veldslagen of de leeftijden van grote en kleine heersers. Maar wij vergeten dat belangrijker jaartallen dan die van een grafelijk huis of een doorstaan beleg bijna alle samenhangen met onze eeuwige strijd tegen het water. De Zuiderzee is eenmaal een binnenzee geweest. Toen in de dertiende eeuw het water van binnen uit en van buiten af een brede toegang van de Noordzee naar het water in het hart van het land openbrak werd West-Friesland van Friesland gescheiden en de Westfriezen – voorgoed afgesneden van hun Friese stamland – bijna vanzelfsprekend bij Holland ingelijfd. Bijna twee eeuwen later in 1421 eiste de verschrikkelijke St. Elisabethsvloed meer mensenlevens dan la-

'Dokter er is iemand onwel geworden.' 'Mijn bedienden rijden mij er onmiddellijk naar toe,' zei de dokter, pakte zijn tas en stapte in zijn koetsje.

CHEMIST

ANTON PIECK
„SPOEDGEVAL„

ter de hele tachtigjarige oorlog zou kosten. De verschrikking schiep voor lange eeuwen de wildernis van de Biesbosch, waar zeventig parochies verdronken. Is er iemand die het jaartal nog kent?

Op drie oktober viert nog altijd de hele bevolking van de stad het ontzet van Leiden dat in 1573 en 1574 met een kleine onderbreking bijna een jaar lang door de Spanjaarden werd belegerd. Maar iedereen vergeet op die dag dat het niet zozeer de heldenmoed der verdedigers was geweest die de Spanjaarden uit hun stellingen had verdreven maar het water, dat toen de Prins van Oranje de dijken had laten doorsteken, dreigend was komen opzetten zodat zijn vloot tot ontzet over het ondergelopen land de stad kon naderen. Het water als bondgenoot te hulp geroepen, geen vier jaar nadat het water zich bij de Allerheiligenvloed op 1 november 1570 in zijn verschrikkelijkste vorm als vijand had getoond. In noord en zuid bezweken de dijken, Noord-Holland liep vol, de Zuidhollandse en Zeeuwse eilanden werden overstroomd. Maar men ging meteen weer aan de gang. Dijken werden hersteld. Molens maalden dag en nacht. Het verdronken land verrees weer uit het water. De verliezen aan mensenlevens en vee bleven ongeteld. Dat gebeurde maar veertig jaar voor men zich – kennelijk al lang weer bekomen van de schrik – aan de droogmaking van de Beemster waagde. Dat werd niet dadelijk een succes maar toen het jaar 1610 aanbrak, verscheen toch het eerste land boven water. Niet voor lang. Geen paar weken later barstte een ongekend felle storm los. In de Zuiderzee, binnenzee met slechts een toegang uit het noorden en geen uitweg in het zuiden, werd het water tot vervaarlijke hoogte opgestuwd. De dijken begaven het. Grote stukken van Noord-Holland werden overstroomd. De Zuiderzee die zich voor zijn teveel aan inhoud die hij niet kon lozen een uitweg zocht, werd de gloednieuwe dijken van de Beemster te machtig en lijfde het veroverde land weer in bij de zee.

Maar – en dat is een van de kenmerken van de goede oude tijd – alles mocht langzamer gaan dan vandaag, de mens leefde sneller, vergat gauwer, kwam een tegenslag eerder te boven en aanvaardde de ramp als behorende tot de natuurlijke gang van zaken. Twee jaar later, in 1612 was de Beemster weer droog!

Hoezeer het water een rol speelt in ons dagelijks leven wordt wel bewezen door iets wat de beken in dit bekenarme land ons geleerd hebben, maar dat de eeuwige plannenmakers van ons almachtige Ministerie van Waterstaat plegen te negeren. Wanneer deze heren weer eens een levende beek het doodse rechte pad gewezen hebben door hem rechtuit rechtaan te 'kanaliseren' zoals de toekomstige ingenieurs dat op de collegebanken hebben geleerd en wanneer dan – het komt helaas bijna nooit voor – het onderhoud van hun gekanaliseerde troetelkind een tijdlang verwaarloosd wordt, keert dit in de kortste keren terug tot zijn oude schilderachtige slingerpad door heuvels, hei of bos. Maar noem mij de ingenieur van Waterstaat die het woord schilderachtig kent. Ik heb wat de natuurliefde van de ingenieurs van Waterstaat betreft mijn les al tien jaar geleden geleerd. Men was toen in het kader van de voltooiing van de drooglegging van de Zuiderzee begonnen met de buitendijk van de laatste polder, de Markerwaard. Op het moment dat ik dit schrijf zit men met de Markerwaard in zijn maag. Grondwinning voor de landbouw is allang niet meer nodig. Een tweede internationale vlieghaven in de nieuwe polder zou ook maar een doekje voor het bloeden zijn. Niemand is op de gedachte gekomen dat men hier het omstreden oefenterrein voor onze militairen heel goed een plaatsje zou kunnen geven, in plaats van de natuur en het

vogelleven bij het Lauwersmeer daarmee te vernielen. Dat zou tenminste een oplossing zijn, maar het Ministerie van Waterstaat houdt niet van oplossingen die niet door zijn eigen mensen zijn uitgedokterd. Dus zal de Markerwaard zeker zonder zin of noodzaak worden ingepolderd, omdat het nu eenmaal zo op papier staat. Maar goed, we hadden het over mijn ervaring van tien jaar geleden. De dijk van Enkhuizen naar Lelystad was toen nog lang niet klaar maar het keurige bootje van Waterstaat lag wel onder stoom. Daarin werd ik door twee jonge en ik moet zeggen charmante ingenieurs langs werkeilanden en bruggen in aanleg gevaren. Ik kreeg goede koffie en nog beter uitleg van alles wat ik zag. Toen ik tenslotte afscheid nam van mijn gastheren zei de jongste en meest geestdriftige:

'Meneer Huizinga, het is voor u als natuurbeschermer natuurlijk wel wat triest, maar als we met deze klus klaar zijn, nemen we de Waddenzee onder handen.'

Ik heb mij er van onthouden hem erop te wijzen dat de Waddenzee het meest glorieuze en nuttige natuurpark van heel Europa is. Overwinteringsgebied voor hele ganzenpopulaties die uit het hoge noorden komen, doortrekgebied voor honderdduizenden steltlopers, een vogelparadijs dat een unicum ge-

Met het recept van de dokter ging men naar de apotheker. Apothekers bereidden in die goede oude tijd al hun drankjes, poeders, pillen en zalfjes nog zelf:

noemd mag worden. Nee, ik heb dat allemaal voor mij gehouden. Het heeft geen zin met ingenieurs van Waterstaat te praten over paradijzen, tenzij die drooggelegd zijn en voor de vogels onbewoonbaar gemaakt.

Dat is nu tien jaar geleden. De dijk van de Markerwaard is klaar, maar over de inpoldering van het ding zelf is nog steeds geen besluit gevallen. Daarom ben ik na mijn bezoek aan Schagen naar Enkhuizen gereden om over de doodse dijk over te steken naar de overwal. Maar gelukkig, Enkhuizen heeft mij weer het beeld van de goede oude tijd weergegeven. 's Zomers is het er een gedrang van de zeilbootjes op het water en van de auto's op de kade maar 's winters keert Enkhuizen terug tot zijn ware zelf. Dan wordt het weer de schone dode in zijn eeuwige rust die het geweest is sinds in de achttiende eeuw Amsterdam de hele handel naar zich toe trok. Voordien was Enkhuizen een belangrijke welvarende havenstad, nadien werd het een van de 'dode steden' aan de Zuiderzee. Laten wij dankbaar zijn voor die ontijdige dood. Daardoor is Enkhuizen in veel opzichten gebleven wat het ooit geweest is. Het is een van die stadjes waar de mens van buitenaf onwillekeurig op zijn tenen begint te lopen. Hoe al die kleine oude huizen er van binnen uitzien ontgaat mij. Misschien maar goed ook. Het zal wel allemaal plastic, tv en bandrecorder zijn wat de klok slaat. Maar van buiten zijn de Enkhuizense gracht-

De wegen waren slecht en vooral in de winter was het geen pretje om met de woonwagen met een scharminkelig paard ervoor van stad naar stad te trekken.

*'s Winters ging het verkeer
voornamelijk per slee.*

jes, zijn palingrokerijen en zelfs zijn winkeltjes een voor een juwelen van stijl
en beschaving. Wie hier met bewonderende aandacht langs de grachtjes en
door de straatjes sluipt, bevindt zich in Amsterdam in het klein. Ginds de
trotse huizen met hardstenen trappen en marmeren gangen die vanaf hun
zolderverdieping, drie- of vierhoog neerkijken in het stille grachtenwater,
hier even fraaie gevels maar dan geveltjes die van de eerste verdieping neer-
zien in een gracht die nauwelijks meer dan een sloot door het stadje is. Wie
hier een ogenblik de zinloze haast aflegt die ons twintigste-eeuwers als een
boze koorts bezit, krijgt de indruk dat alles hier met fluwelen handschoenen
aan gerestaureerd is. Zoveel liefde en zorg spreekt uit straatjes als wel ver-
zorgde avenuetjes die ik nog gekend heb toen de hele zaak op invallen stond.
Toch maakt niets de indruk van kunstige namaak. Hier vindt men restauratie in zijn hoogste vorm: niet het herscheppen naar oud model, maar het herstellen van het oude in eigen glorie. Het Hollandse klimaat doet de rest. Wat
dadelijk na een geslaagde restauratie er misschien nog wat te nieuw
uitziet – net als sommige vrouwen die zich een stevige 'face lift' hebben laten
geven – heeft na vier seizoenen Nederlandse zonneschijn, wind, regen en
sneeuw zijn oude gezicht herkregen. Zo is Enkhuizen. Nederland niet op zijn
smalst maar op zijn best. Wie er bedachtzaam rondwandelt – niet rijden in
een auto s.v.p.! – zal zich ook in de zomer niet laten storen door het krioelend

bedrijf van de pleziervaarders, maar er de kreten van de matrozen van weleer nog horen terwijl zij bezig zijn een trotse Oostinjevaarder af te meren aan het eind van een reis naar de Oost, die uit en thuis misschien een jaar of meer heeft geduurd.

De grote dagen van Enkhuizen waren in de tweede helft van de zeventiende eeuw al geteld. De eens zo machtige stad, de eerste in de Lage Landen die in 1572 uit eigen beweging de zijde van de Prins van Oranje koos, 'de sleutel van de Zuiderzee' zoals de koppige haven door de Prins genoemd werd, weigerde om door de vloot van Lumey's beroemde en beruchte Geuzen 'bevrijd' te worden. 'Alles wat Spaans was,' schrijft P.M. Rooker in zijn kostelijke boekje *Enkhuizen*, 'werd de Westerpoort uitgezet, de in allerijl uit Amsterdam gezonden krijgsmacht vond de ophaalbrug omhoog en het vlooteskader van admiraal Boshuizen kwam de haven niet meer in. De pro-Alva vroedschap ging voor alle zekerheid achter slot en grendel in de Dromedaris... Zo was de werkwijze van koppige Enkhuizers in die dagen: riskant maar degelijk...' Enkhuizens roem en grootheid zouden een volle eeuw duren. Toen werd het snel een van de dode steden aan de Zuiderzee, maar er zou een dag komen dat de naam van het dode Enkhuizen herleefde en weer een klank kreeg die tot in exotische landen reikte. Die naam dankte de stad aan de ondernemingsgeest van een landbouwer uit het nabije Andijk: Nanne Groot, vader van een gezin met achttien kinderen. ''s Zomers kweekte hij groentezaden,' schrijft Rooker, 'die hij in kleine zakjes verpakte en tijdens de wintermaanden uitventte waar hij ze maar kwijt kon.' Zijn zoons Pieter en Simon en zijn schoonzoon Pieter Sluis uit Hauwert zetten de zaak voort. Sluis kon lezen noch schrijven maar zijn vrouw Aafje verstond beide kunsten wel, voerde de correspondentie en droeg er zorg voor dat de orders werden uitgevoerd. Van de succesvolle analfabeet Sluis schrijft Rooker 'dat hij een man was die van decorum hield; geklede jas en hoge hoed behoorden tot zijn dagelijkse dracht, zelfs als hij met zijn schuitje naar de ''bouw'' ging.'

In 1872 vestigde men het bedrijf in Enkhuizen waar hun welvarende onderneming in groente- en bloemzaden kopers uit de hele wereld deed toestromen en onderdak zoeken in het klassieke hotel 'Die Port van Cleve'. Daar zijn nog namen te vinden van vroegere gasten die getuigen van de nieuwe grootheid van Enkhuizen als wereldberoemd centrum van de zaadhandel. Ik heb er maar drie van onthouden:

VINCENZ HOSER uit Warschau,

STEFAN T. KAMBUROFF uit Gorba-Orechowitza in Bulgarije en

MARIN HADZSI PETKOV uit Budapest.

Of hun bedrijven uit de goede oude tijd de overgang naar de nieuwe tijd hebben overleefd, lijkt mij de vraag. Maar één ding is zeker: de firma Sluis en Groot in Enkhuizen bloeit nog en 'Die Port van Cleve' leeft ook nog als vanouds.

Wanneer de nieuwsgierige die zijn reis door de oude en de nieuwe tijd van Enkhuizen heeft gemaakt, na een laatste glas in 'Die Port van Cleve' tenslotte met tegenzin afscheid neemt van de niet meer dode stad, doet hij dat in zijn moderne kleine karos, getrokken door zo en zoveel paardekrachten. En dan op de gloednieuwe dijk die hij eens heeft vervloekt om zijn doodse op het snelverkeer ingestelde rechtlijnigheid, zegent hij voor één keer het Ministerie van Waterstaat. Want die dijk schenkt hem over het nu getemde water een uitzicht op het stadje dat hij net heeft verlaten, zoals het eeuwen geleden al geweest moet zijn. Een uitzicht op het onbedorven silhouet van Enkhuizen

Over de hobbelige keien van het marktplein passeren zowel de koets met de lakeien als de jongen met zijn ezelkar.

waarin de stugge gestalte van de vestingtoren, de Dromedaris, en de kerken met hun omhoogrijzende massa's de aanblik nog altijd beheersen. Hij ziet Enkhuizen in de goede oude tijd.

Tijdens de eentonige rit over de nieuwe dijk van Enkhuizen naar Lelystad in de zuidwesthoek van Oostelijk Flevoland, de derde Zuiderzeepolder die werd drooggelegd, hebben wij ruim de tijd om wat te filosoferen over de goede oude tijd, hier gezien als de vorige eeuw in de Lage Landen. Uiterlijk was het alles pais en vree, zoals het eeuwen hier geweest was. Toch was het ook hier een tijd van beroering en ontwikkeling. Alleen, het ging allemaal vrij rustig toe. De nieuwe stoomvaart veranderde pas zeer geleidelijk het aanzicht van de grote havens Amsterdam en Rotterdam. De trein wijzigde slechts langzaam het verkeer van 'zoetjes aan dan breekt het lijntje niet' tot hijgend snelverkeer. De politiek bleef nog jaar in jaar uit een zaak van deftige en gelovige heren die dikwijls statiger donkere pakken droegen dan hun voor die tijd soms geavanceerde ideeën waarmaakten. Toch was het socialisme al in opkomst en kwamen dan hier dan daar de massa's in beweging. Een enkele maal greep de openbare macht met harde hand in zoals in 1886 bij het be-

*Eenmaal buiten de stad
gekomen, zette de postkoets de
vaart erin.*

ruchte 'palingoproer' maar het bleef bij mijn weten bij 26 doden. Te veel
menselijk bloed zal men zeggen, maar toch niets vergeleken bij de ruim
20.000 doden die het neerslaan door de Franse troepen in 1871 van de
opstand der Communards in Parijs had geëist. Daar komt nog bij dat het palingoproer allerminst een socialistische arbeidersrevolte tegen de openbare
macht was. Het begon als een spontaan volksverzet tegen de politie die het
verbod van het 'palingtrekken', een walgelijk straatvermaak, probeerde te
handhaven. De politie moest het veld ruimen. Tot tweemaal toe. Toen kwam
de infanterie in actie en het oproer werd gedempt ten koste van 26 doden en
over de honderd gewonden. In feite was de hele zaak niet anders geweest dan
de staat tegen de straat omdat de straat zich het weerzinwekkend vermaak
van het palingtrekken niet wou laten ontnemen door het gezag. Toch waren
er aan de kant van de staat natuurlijk genoeg lieden die de schuld van het
oproer op de socialisten wierpen. Jammer voor de staat en de straat, want het
palingoproer was het opkomend socialisme niet waardig en de staat was nog
nauwelijks zover dat de straat door iets anders werd bevolkt dan door pau-
pers die een onderbetaalde werkdag hadden van twaalf tot zeventien uur.
Maar ondanks grote woorden van beide kanten en dikwijls krasse spotprenten bleef naar buiten toe toch de goede oude tijd heersen. Er was in de 'betere
klassen' geen haat tegen Jan de Arbeider, neen, men kende hem en zijn dikwijls trieste behoeften niet. Beets, de geestelijke vader van Oom Stastok die
zijn bittertje nam wanneer de koets van tweeën voorbij kwam, noemde dertig
jaar later de gerechtvaardigde en o zo bescheiden wensen van de straat 'bedil-
zucht, die met buskruit speelt'. Hij wenste te blijven leven in de goede oude
tijd van Hildebrand en Pieter Stastok. Hij was niet de enige in de Lage Lan-

den. Van buiten zag het er op het land allemaal even keurig uit: de 'landarbeidershuisjes' bij de kapitale boerderijen in Groningen. Wat lief toch! Maar minder lief als je daar in een paar kamers moet wonen met tien kinderen plus de t.b.c. Maar de toestanden voor de mindere man waren op het platteland nog heilig vergeleken bij die van de arbeider in de stad. Geen groter contrast, niet tussen rijkdom en armoede in de steden van de goede oude tijd maar tussen het gezeten burgerdom en de 'mindere man', een contrast dat door beide klassen merkwaardig genoeg als door God gegeven of opgelegd werd geaccepteerd. Treffend is en blijft het feit dat de armen niet of nauwelijks in opstand kwamen tegen hun armoede en dat, wanneer dat een enkele maal toch gebeurde, deze uitging van de vrouw en moeder, zij kwam in opstand tegen haar man, die het weekloon dat zij en haar kinderen zo dringend nodig hadden meteen na uitbetaling had verdronken in de kroeg naast de uitgang van de fabriek.

Geen groter contrast tussen oud en nieuw dan aan het eind van de dijk van Enkhuizen naar Lelystad, tussen die beide steden, de ene in onverwelkte glorie gelegen op de meest oostelijke punt van Noord-Holland, de andere in monstruositeit uit de grond gestampt in het nieuwe land van Oostelijk Flevoland op de overwal. Dat contrast blijft zich herhalen wanneer u van Lelystad naar Harderwijk het hele rechtlijnige Oostelijk Flevoland hebt doorkruist en na Harderwijk opeens met verademing en verwondering het goede oude land van de Veluwe ontdekt. Bossen en heiden, wegen die nog niet allemaal zijn 'gekanaliseerd' door de heren planologen en dan het pronkjuweel van het Nationale Park de Hoge Veluwe.

De Amerikaan is met recht trots op zijn Yellowstone en andere natuurparken, de Hollander is dankbaar dat hij op de Hoge Veluwe zich met wat goede

De eerste vernieuwingen deden hun intrede: de komst van de paardetram maakte een einde aan het gehobbel in de omnibus.

Niet iedereen kon zich laten rijden. Arme kermisklanten legden alle afstanden te voet af.

MIDDELBURG 19ᴱEEUW

wil weer in de goede oude tijd kan wanen. Toegegeven, de grote trekpleister is het moderne museum Kröller-Müller er middenin. Toegegeven, de tuin daarvoor wordt volgens sommigen ontsierd door een 'kunstwerk' van aaneengelaste stalen balken dat gedachtenassociaties oproept aan veel produkten van het systeem van de contraprestatie, maar gouden beukenlanen uit de oude tijd, ruwe heidevelden, ernstige dennenbossen, wijdse kastanjegroepen, eenzame berken en moerassige poelen in een verschiet van mijlen, maken alles goed. En dan is er voor de liefhebber de verrukking van een ontmoeting met een roedel trekkende herten of een hele kudde moeflons, bergschapen met hun geweldige krulhorens die in deze omgeving hun oorspronkelijke herkomst uit Corsica en Sardinië volledig vergeten lijken te hebben. Elders een paar gracieus wegspringende reeën en – als u geluk hebt – een duistere ever, een keiler van belang met zijn vervaarlijke grote kop en uitstekende slagtanden, gedragen door malle dunne pootjes waarop hij met een ongeloofwaardige snelheid voorbij trippelt.

Genoeg. Dit is alleen de inleiding tot een herfstdag uit duizenden zoals ik die zelf op de Hoge Veluwe heb doorgebracht.
De Amerikaanse eiken laaiden als vuur, de beuken straalden goud uit, het donkere dennenbos leek alleen nog het achterdoek dat de gloed van de gulden berken moest terugkaatsen.

Het was eenzaam op de zandverstuiving. Een vroege wind siste zachtjes door de kruipdennen en door de herfstig verkleurde hei die nog niet het zwart van de winter had aangetrokken.
Dat was eigenlijk alles op die verlaten plek. Bijna geen vogelgeluiden behalve het geschater van een groene specht in de verte.
Het was goed daar te zitten en mij te koesteren in de herfstzon alsof het nog zomer was, en de kleuren van het verre loofhout van rood tot goud in mij te voelen binnenstromen.
Toch was er iets van onrust in de atmosfeer. Niet alleen de onrust van de herfst die eeuwig lokt om op weg te gaan, maar ook de onrust van die raadselachtige verwachting die zo vaak lang van tevoren de ontmoeting met het wild aankondigt. Wie aan die belofte gehoor geeft, moet alle jagerspraktijk vergeten en alleen luisteren naar welke kant die stem hem roept.
Dat bracht mij in een besloten wildernis van dennetjes op lage heuvels, van wissels waar ik volmaakt onhoorbaar over een vloer van verende naalden liep en van plekken bezaaid met denneappels waar ik met een schuldig gevoel mijn adem inhield wanneer ik op een van die dingen trapte, zodat het kraken tot in de verste verte hoorbaar leek te zijn.
Het gaat meer zo. Eerst lóóp je nog, blijkbaar op weg naar een doel. Dan ga je langzamer en langzamer. Daarop sluip je en tenslotte zet je alleen nog voetje voor voetje de ene voor de andere.
Ik heb mij dikwijls afgevraagd of deze vertraging van lopen tot bijna-stilstaan een gevolg is van het feit dat de mens – zij het in mindere mate dan het dier – een zesde zintuig heeft voor de nabijheid van ander leven buiten het zijne. Ik weet het niet. Ik weet alleen dat ik ook dit keer nauwelijks meer bewoog toen de waarschuwing kwam: 'Blijf staan... Beweeg je niet...'
Ik gehoorzaamde. Ik verstijfde midden in een stap en staarde recht in het gezicht van een prachtige moeflonram op nog geen dertig meter afstand.
Hij keek mij aan, even onbeweeglijk als ikzelf. Of nee, hij keek mij niet aan

Koetsiers en lakeien waren hoger in aanzien dan de voerman van de slee. Slechter was het gesteld met de dragers van de draagkoets.

maar staarde naar een roerloos ding dat hij ervan verdacht tot leven te kunnen komen als een gevaar. Was het een boomstronk...?

Zeker een halve minuut stonden wij zo: hij met het edele hoofd tussen de machtige krulhorens, en ik volmaakt belachelijk. Ik was midden in een stap verstijfd met één voet die nauwelijks de grond raakte alsof ik poseerde voor een balletfoto.

De ram bewoog niet en ik – zij het met meer moeite – bewoog ook niet. Toch sprak al achterdocht uit zijn hele blik en houding. Ik ben ervan overtuigd dat hij mijn roerloze opwinding voelde en ook mijn angst dat ik mijn ridicule pose niet langer onbeweeglijk zou volhouden. Ik probeerde rust naar hem uit te zenden. Het lukte niet. Hoewel hij zich nog niet bewoog kon ik de vlucht in hem zien groeien. Ik ben achteraf zeker dat hij mij niet met zijn ogen als indringer en gevaar heeft herkend, zelfs niet als iets levends, maar de wind moet even iets gedraaid zijn. Mijn verwaaiing bereikte hem.

Het was alsof hij een zweepslag gekregen had, zo fel stoof hij weg in galop. Maar honderd meter verder bleef hij staan en nam weer dat vreemde ding in de verte op. Vermoedelijk was de wind opnieuw gedraaid en daarmee de waarschuwing verdwenen. Hij trok tenminste langzaam dieper de wildernis in en verdween.

Ik had hem wel kunnen volgen en nog een keer in het oog krijgen. Ik heb het

*Bij de hoge boogbruggen had
men vroeger bruggetrekkers,
mensen die de kost verdienden
door karren en sleden over de
brug te helpen.*

niet gedaan. Een mens moet weten wanneer hij tevreden moet zijn.
Dat geldt ook voor u en dit verhaal.

Datzelfde geldt voor iedereen die in het oude en zo schone Europa de oude
tijd wil zoeken. Hij moet weten wanneer hij tevreden moet zijn. Soms met
heel veel, soms met heel weinig. Het laatste is niet altijd het minste. Wie in
Parijs door de tuin van de Tuilerieën dwaalt binnen de grijze gestalte van het
Louvre zal wel vreugdig onder de indruk zijn, maar in het oude Parijs van
weleer is hij niet. Ook niet wanneer zijn verbijsterde blik over de krioelende
Place de la Concorde en de stijgende van verkeer wemelende heerbaan van
de Champs-Élysées verweg de majesteitelijke gestalte van Napoleons Arc de
Triomphe bereikt. Schuin achter de glorie van die reuzenpoort die het verschiet hoorde af te sluiten, hebben de heren planologen een wolkenkrabber
omhoog gejaagd die voorgoed het silhouet van het hart van Parijs bederft.
Wil hij het oude Parijs zien en beleven, dan is er voor hem de rust èn gratie
van de Place des Vosges om hem terug te voeren naar de dagen van weleer.
In de Lage Landen is dat anders. Daar reist men meer in het land van de stille hoekjes in de grote steden en van de kleine onbedorven stadjes en dorpen,
waar men de kunst moet verstaan te weten met hoeveel intiem schoons men
zich tevreden moet stellen. Laat onze moeflonram op de Hoge Veluwe weg-
glippen naar zijn kudde die zich verderop verborgen heeft gehouden in het
bos en reis over bruisende snelwegen regelrecht naar Harlingen in Friesland
met mij.

*Velen zagen in de
stoommonsters een gevaar.
Vandaar dat de stoomtram in
de stad werd voorafgegaan door
een man met een rode vlag.*

Een van de prettigste dingen die het schrijven van een boek zoals dit met zich meebrengt is het feit dat je gedwongen bent door je werk om bewust te leven en te kijken naar de dingen om je heen. Immers straks moet je er over schrijven. Die voortdurende plicht om goed te kijken, belangstellend te luisteren en zuiver te voelen zodat men dit later voor en aan anderen kan doorgeven, is een van de plezierigste plichten van de schrijver. Hij brengt hem nader tot de mensen en de dingen, vooral de vriendelijke, de goedaardige en de zonnige. Het is een koud kunstje om ergens rond te lopen en zo veel mogelijk trieste en lelijke zaken te ontdekken, maar het is een kunst om te beseffen dat men naar al het andere moet blijven zoeken dat het leven kleur, geur en fleur geeft. Ik herhaal 'het leven' want voor hem die met deze bedoeling reist, komt alles wat goed en oud is tot leven.

Ga nu eens met mij door Harlingen, het mooiste stadje van Nederland wandelen. Begroet de potsierlijke stenen leeuw met het wapenschild voor zijn buik aan het eind van de gracht die nog altijd 'Haven' heet. Geniet de oude gevels langs het water op de achtergrond. Trek u niets aan van het feit dat de leeuw op geen van uw beleefde vragen antwoord geeft en alleen maar star en mal langs u heen blijft staren. Ondanks zijn onvriendelijke blik wordt uw

*In de nieuwerwetse automobiel
reed men als een vorst.*

ANTON PIECK

Maar o wee, als men van de weg af raakte, dan was men weer aangewezen op hulp van de viervoeter.

Hield men het stuur goed vast
dan ging het veel sneller dan de
trekschuit.

ontmoeting een compleet gesprek met alles wat Harlingen uitmaakt. Als u
daarvoor een maandagmorgen in de lente uitkiest wordt uw slenteren een
ware ontdekkingsreis. Het eerste wat u opvalt is de heerlijke rust in de straten. Winkels bijna allemaal dicht; weinig auto's om uw vrede te verstoren;
zon op uw verrukte hoofd en om u heen het echte weer dat ouwe mannetjes
naar buiten lokt. De bomen tussen de veelheid van oude gevels doen alsof zij
op slag zouden uitlopen als u maar even in uw handen klapte. Langs de straat
die u ingedwaald bent worden de roep van de eksters en het koeren van de
houtduiven in de nog kale iepen niet overstemd door motorgeronk. In de verte hoort u de vrije kreet van zilvermeeuwen boven de binnenhaven verderop,
waar de lucht vibreert van de hartslag van de plof-plof-motoren van vissers
die binnenlopen of uitvaren.

Maar langs de lage brede en stille straat blijft daarnaast de rust van een voor-
barig zomerseizoen dat alle ouwe mannetjes van Harlingen naar buiten heeft
gelokt. Zij lopen met stokken met rubberdoppen, met petten of met hoeden.
Zij lopen, de een nog kwiek, de ander vredig en getroost voortschuifelend
naar zijn dood. Maar zij zijn kennelijk allemaal gelukkig omdat de zon op
hun ouderdom schijnt, de duiven koeren en de lente op springen staat.

Als je ze vriendelijk aankijkt groeten ze dankbaar, want niet iedereen kijkt
vriendelijk naar de ouderdom. Als je nu je pas verlangzaamt blijven zij gretig
staan en zeggen: 'Morge. Mooi weertje.' Nu is het zaak om via het mooie
weer neer te zakken op een bankje en het gesprek op Harlingen, HUN Harlingen te brengen. Zo kun je hele Odyssées en vissersromans opgedist krijgen.

Het gesprek met de ouwe mannetjes wordt een gesprek met de stad zelf, zodat je al gauw het gevoel krijgt dat je zelf een Harlinger bent die na een heel leven van varen en zwerven eindelijk terug is in de stad van zijn herkomst. Wat de ouwe mannetjes je vertellen worden eigen herinneringen. Je vaart weer roekeloos met een schoolkameraadje in een miserabel jolletje de Waddenzee op om schar en bot te gaan vissen. Je steekt je tong uit en trekt een lange neus tegen de oude vissers aan de haven, die je naroepen dat het een schande is om met zulk weer naar buiten te gaan, dat je verzuipen zult en je ouders in het ongeluk zult storten. Maar je verzuipt niet en als je drijfnat en toch nog bijna verzopen thuiskomt, zijn je ouders helemaal niet ongelukkig maar staat vader wel klaar met een pak slaag. Dat is een onbelangrijk incident. Daarom ga je de volgende dag met weer een ander vriendje kievits-eieren rapen en springt met je polsstok over meters brede sloten tot er eindelijk één komt die net een meter te breed is zodat je weer druipend thuiskomt waar weer een gezond pak slaag je wacht.

Als je zo met de ouwe mannetjes praat, kan het ook zijn dat je opeens op een driemaster naar Finland zit of in een reddingboot die van Terschelling is uitgevaren in de zwarte kokende zee waar een schip op de gronden in nood is. Het kan je ook gebeuren dat je als fuselier in het verre Indië op het eiland Ceram op patrouille bent. Je troep soldaten met geweren is daar in het nadeel tegen de inheemsen. Die schieten alleen met geruisloze pijlen, maar zelf schrik je keer op keer van de knal van je eigen spuit die het hele eiland lijkt te waarschuwen met de kreet: 'Daar komt de Kompenie!'

Ach ja, u merkt het nu wel. Als je bewust kijkt, luistert en voelt is er van alles te beleven op een maandagmorgen in de lente in Harlingen. Vergeet daarom de zotte stenen leeuw aan de haven niet. Misschien heeft hij toch iets te vertellen wanneer u afscheid van hem komt nemen. Toch niet...? Niet aanhouden dan. Bedenk dat een mens moet weten wanneer hij tevreden moet zijn.

Dat is ook zaak op een heel andere plek in de Lage Landen. Ook daar blijkt de kunst van het leven een vrij simpele. Het is de kunst om met weinig gelukkig te kunnen zijn, van een kort moment lang te kunnen genieten, de nabijheid niet altijd te vergeten voor de verte en het heden niet over het hoofd te zien voor het gisteren. Dit alles kunt u leren gedurende een rit of wandeling over een van de dijken van de grote rivieren, bijvoorbeeld de Lekdijk van Schoonhoven naar Vreeswijk. Geen goede oude tijd daar te bekennen...? Dat hangt er maar vanaf naar welke kant u kijkt en met welke gevoelens. De kronkelende dijk is steil en hoog. Soms volgt hij van vlakbij de rivier, soms laat hij ruime uiterwaarden tussen zichzelf en de stroom. Nu zijn zij nog droog en grazen er koeien of schapen, maar straks als het winterpeil van de rivier stijgt, zal al het vee haastig in veiligheid gebracht worden aan de landkant van de dijk. Daar liggen de statige boerderijen in de diepte, zo oud en vertrouwd alsof er sinds honderd jaar niets veranderd is in deze wereld. Denk een enkele tractor weg en het beeld van de goede oude tijd is volkomen.

Aan de andere kant van de dijk is het heden, maar niet in zijn storende vorm van luide en zinloze haast. Bovendien bewaart de rivier nog altijd zijn gezicht dat afstraalt op zijn hele omgeving. Met trage, machtige zwaaien stuwt hij zijn watermassa naar zee zoals hij het sinds eeuwen heeft gedaan. Toegegeven, gierponten zijn verdwenen, zalmvissers en zeilers hebben voorgoed plaats gemaakt voor het vrachtverkeer van deze dagen. De rivier is stroom en heerbaan tegelijk. Onder een wazige hemel die aarzelt tussen zilver en goud,

De Cerberus rukt uit. Om geen tijd te verliezen stookten de spuitgasten de ketel van de stoomspuit reeds tijdens de rit op druk.

is het daar een onophoudelijk gaan en komen van Rijnschepen, komende van of opvarende naar bestemmingen ver over de grenzen van dit goede kleine land. Duitse, Belgische, Franse, Zwitserse en Nederlandse vlaggen. Kleine, grote, middelgrote schepen en complete rivierkastelen voor vracht- of tankvaart. Maar allemaal even blinkend opgepoetst alsof hun vaart stroomop of stroomaf helemaal niets met handel en nering te doen had; alsof het alleen maar was omdat de schipper en zijn vrouw het prettig vinden om door de glorie van het herfstige Nederland naar Bingen te varen of van Bazel af te zakken naar Rotterdam.

De reiziger die in het gras aan de kant van de smalle kronkelweg boven op de dijk gaat zitten, voelt meteen dat het leven een goede zaak is voor hem die weet wanneer hij tevreden moet zijn. En tevreden is hij wanneer hij van de Lekdijk over de groene uiterwaarden naar de glanzende gang van de rivier kijkt, naar de blauwe silhouetten van de dorpjes op de overwal waar zo van hier te zien nog nooit iemand het woord 'industrialisatie' heeft gehoord; en naar de holle wiekslag van een reiger, traag opstijgend naar een nieuwe visplaats. Hij voelt zich nader tot de oude tijd dan hij hier had verwacht te zullen doen. Ook de optocht en aftocht van Rijnschepen kan daaraan niets veranderen. Het is voor hem alles zoals het hoort te zijn. Ze zijn allemaal op weg naar een feest! Een feest in Sankt Goarshausen met Ahrwein of in Rotterdam met ouwe klare, een feest in Bazel of in Zaltbommel, in Straatsburg of Vreeswijk.

De reiziger die zich stilletjes koestert in de mildheid van de herfstzon, kijkt niet alleen maar luistert ook.

Achter zijn dijk, aan de landkant, in de tot roestbruin verkleurende bomen is het muzikaal geklets, dat al vele eeuwen hier de mensen in de oren geklonken heeft, het getwetter van de eeuwige optimisten onder de vogels: de spreeuwen die het nu al over de komende lente hebben. Zo hebben zij en hun voorouders al zitten babbelen over niets dan goede dingen omdat zij van slechte dingen niets wisten. Zij zaten er al toen het Russische Tsarenrijk in 1860 met zijn eeuwen geleden begonnen verovering van Siberië eindelijk de Japanse Zee bereikte en Wladiwostok stichtte. Zij zaten hier nog toen bijna een halve eeuw later het geweldige Russische Rijk verpletterend verslagen werd door het onderschatte kleine Japan. Zij kwetterden vrolijk toen in 1881 de Zuidafrikaanse Boeren, de Transvalers, de Engelse soldaten uit hun ogenschijnlijk onneembare positie op de Majoebaberg verjoegen. Zij kunnen zich zoveel onverschilligheid tegenover de wereldgeschiedenis veroorloven omdat zij niets weten van oorlogen en rampen. Voor hen is het heden de goede oude tijd. Dat wordt het bijna ook voor de luie reiziger in het gras aan de dijk. Hij hoort de spreeuwen in hun eeuwige blijdschap maar hij kijkt niet naar hen om, want hij is nog niet zo ver in de ban van de herfst dat hij helemaal zeker is terug te zijn in de dagen van weleer. Als de wind één ogenblik gaat liggen hoort hij een hese kerkklok uit een gehucht op de andere oever. Hij blijft kijken naar de rivier, maar de schepen op weg naar hun feest zijn zo langzamerhand sprookjesschepen geworden die hem niet meer doen ontwaken uit zijn dromen van vroeger. Daarom blijft hij kijken naar de reiger die is neergestreken bij een krib verderop en naar de dorpjes als violette schimmen op de overwal. En dan, ja dan zakt hij knikkebollend weg in de slaap en droomt van de goede oude tijd.

De dominee van Urk die door het buld'ren van de zee de preek die hij op het eiland Schokland had zullen houden had vergeten

Waarin de schrijver niet alleen spreekt over een oud eiland dat nu midden in het drooggelegde nieuwe land ligt, maar ook over humor en eigen aard van de bevolking in het noorden des lands waar hij zijn lezers doet genieten van de gastvrijheid van zogenaamde 'stugge Friezen', van een gevleugelde ontmoeting in het mensenlege waterland van Oost-Groningen, de Dollard, en van een vaartocht veel zuidelijker over een ongeschonden riviertje in het welige hart van het nog altijd heidenrijke Brabant.

*Als men als muzikant in de
ene stad zijn brood niet meer
kon verdienen, pakte men de
spullen om het ergens anders te
proberen.*

HET gebeurt in ieder gezelschap wel eens dat opeens de conversatie stokt en een stilte valt. Dan is er altijd wel iemand die zegt: 'Er gaat een dominee voorbij.' Iedereen kent deze uitspraak. De minsten weten wat hij betekent en waar hij ontstaan is. Het gezegde is afkomstig van het vroegere visserseiland Urk. Voor het bij de drooglegging van de Zuiderzee aan het vasteland van de Noordoostpolder werd geklonken, lag het eenzaam en in zichzelf gekeerd met zijn stugge bevolking vrijwel midden in de Zuiderzee. Maar de Urkers voeren en varen verder dan de Zuiderzee en waren dikwijls lang van huis. Radio kende men nog niet. Liep er een Urker binnen met het rampspoedige bericht dat de kotter van een van zijn kameraden was vergaan, dan ging hij daarmee naar de dominee. Op deze rustte dan de trieste plicht om de familie van hen die niet waren teruggekeerd de dood van hun mannen of zoons aan te zeggen. Ging de dominee voorbij dan viel er een angstige stilte, tot men wist aan welk van de huisjes hij had aangeklopt.

Het zoveelste bewijs hoe sterk het leven in de Lage Landen is verweven met de zee en welke rol de Zuiderzee in onze historie heeft gespeeld. Het begon allemaal zo ongeveer 100.000 jaar geleden toen een machtige strandwal onze hele kust vrijwel afsloot. De Lage Landen waren niet veel meer dan een grote lagune. De Romeinse tijd zag de zandige strandwal al hier en daar doorbroken, zag eilanden ontstaan en een binnenzee het Flevomeer, dat zich op den duur de uitgang naar de Noordzee steeds verder zou openbreken, tot de Lage Landen en de Zuiderzee in de zestiende eeuw al bijna de gestalte hadden die zij lang hebben behouden. Daarmee begonnen al bijna de plannen en studies voor een drooglegging van de vervaarlijke binnenzee. De eerste dateren al uit de zeventiende eeuw, maar het zou tot in onze tijd duren voor eindelijk een begin werd gemaakt met de uitvoering van de plannen van Ir. Lely. Misschien dat de stoot daartoe gegeven is door de Zuiderzee zelf die in 1916 tijdens een overstroming die niet anders werd genoemd dan 'de watersnood', tijdelijk grote stukken van Noord-Holland voor zich opeiste. Begonnen werd met een kleine proefpolder bij Andijk, onmiddellijk gevolgd door de drooglegging van de Wieringermeerpolder en het bouwen van de Afsluitdijk. In 1932 werd de laatste opening in het dijklichaam gedicht. Nu zijn er behalve de Wieringermeerpolder al drie grote polders klaar, terwijl naar goed Nederlandse zede over de drooglegging van de laatste, de Markerwaard, nog eindeloos wordt gekibbeld. Intussen is de Zuiderzee geen zee meer en heeft zijn

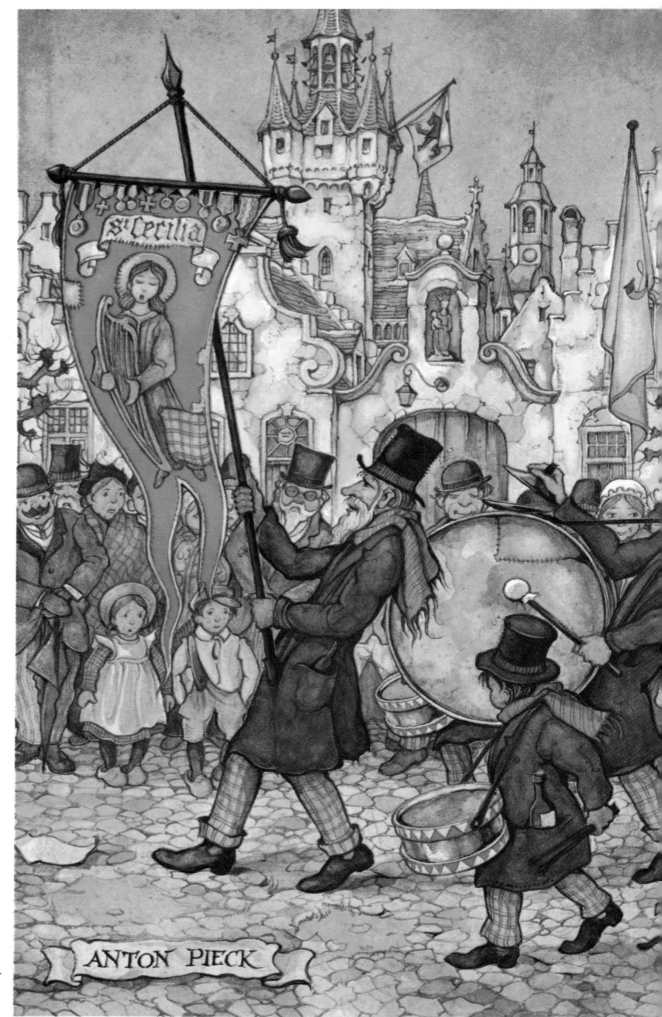

*Feest in de stad. De harmonie
St. Cecilia gaat in optocht door
de stad.*

naam zien veranderen in IJsselmeer, maar de dominee van Urk bestaat nog en is vereeuwigd in een kinderversje:

De dominee van Urk
Die moest op Schokland preken
Maar door het buld'ren van de zee
Had hij zijn preek vergeten.

Geen wonder, want door de eeuwen heen was het buld'ren van de zee rondom Schokland steeds vervaarlijker geworden. Schokland, het langgerekt overblijfsel van een veel groter eiland uit ouder tijden, waar op de eerste januari van het jaar des Heren 1840 nog maar 695 'zielen' woonden, waarvan 506 'Roomsch Catholijk' en 189 protestant. Daarom moest ongetwijfeld de dominee van Urk op Schokland komen preken, want voor 189 protestanten kun je geen dominee de kost geven. Behalve vissers, bakkers, schoenmakers, timmerlui en schippers woonde er een 'koopman in reukwater', voorts 'een vuurstoker', een onderwijzer en zelfs een aannemer. Volgens de boeken waren er ook een pastoor en een dominee, maar dat laatste klopt niet met het versje tenzij de plaatselijke zieleherder ziek was en daarom zijn collega uit Urk moest komen overvaren. Ik blijf 189 gemeentenaren echter een bedenkelijk laag getal vinden.

Van de huidige generatie die per auto, bus of bromfiets Urk en Schokland bezoekt moet het moeilijk zijn om zich voor te stellen dat die twee kleine verhogingen in het wijde landschap van de Noordoostpolder in de goede oude tijd eilandjes zijn geweest temidden van de bulderende baren van de Zuiderzee. Toch is het zo, en hoe hard die baren wel bulderden blijkt overduidelijk uit de geschiedenis van het eiland die men sinds prehistorische tijden kan volgen in het kleine museum in het vroegere Nederlands Hervormde Kerkje, waar misschien ooit de dominee van Urk bleek zijn preek vergeten te hebben.

Vandaag aan de dag zou hij daar de zee niet meer horen bulderen, want de resten van het eiland dat door de eeuwen heen steeds verder werd afgevreten door de zee, liggen nu eens en voor al veilig op het droge van de Noordoostpolder waar de bomen al volwassen zijn en het nieuwe land alleen is te herkennen aan zijn rechte lijnen.

Er zijn in die kleine ruimte van het kerkje onder het houten gewelf lieden aan het werk geweest die hun vak verstonden. U hoeft alleen maar rond te lopen. Het museum doet de rest. Gedurende een wandeling van hooguit veertig meter die één minuut of een hele ochtend kan duren, drentelt u van het jaar 200.000 voor Christus naar het heden. Met de zwerfstenen die uit de voorlaatste ijstijd hierheen afzakten, reist u naar Schokland. Twee meter verder en 100.000 jaar later zwerft u met wisenten, wolharige neushoorns, wilde paarden en reuzenherten door de toendra's van Schokland. 10.000 voor Christus ontmoet u er de eerste mensen en dan gaat de ontwikkeling snel, zoals overal waar de mens het hoofd opsteekt. Wrakken uit de zestiende eeuw, blootgekomen bij de drooglegging. Potten, pannen, ankers en helmstokken van op de Zuiderzee vergane schepen. Schaatsen waarmee men eens in barre winters op de bevroren vlakte gereden heeft, misschien wel helemaal naar Urk om de dominee te komen vertellen dat hij op Schokland moest komen preken.

Het is er allemaal, tot het jaar 1859, wanneer de regering uit die goede oude tijd besluit dat het bedreigde eiland ontruimd moet worden en de bevolking

*Na afloop kent de
uitbundigheid van de
muzikanten geen grenzen.*

wordt aangezegd haar behuizingen af te breken en naar elders te verhuizen.
Dan valt er stilte over Schokland, afgezien dan van het buld'ren van de zee.
Er zijn nog maar een paar bewoners; een havenmeester, een lichtwachter en
een kantonnier van de Rijkswaterstaat met hun gezinnen. Maar zij hebben
het minder eenzaam dan men zou denken. Schippers en vissers lopen het verlaten eiland aan, maar ook die verdwijnen tenslotte; evenals de laatste bewoners.
Nu buldert de zee niet meer rondom Schokland want een nieuwe tijd had de
ring van dijken om dat stuk IJsselmeer gesloten, waarbinnen de Noordoostpolder zou droogvallen. De gemalen begonnen hun werk. Bij een waterstand
van tachtig centimeter vertrok de schuit met de laatste bewoners. Daarna viel
om Schokland een onbegaanbare slibvlakte droog, en niet zo heel veel later
bleek voor de zoveelste keer dat het misleidend adagium 'Boompje groot
plantertje dood' een onzinnig spreekwoord is, want de slibvlakte bleef niet en
bomen schoten welig op in de Noordoostpolder lang voordat hun plantertjes
dood waren. Schokland is nu een lage heuvel in volwassen nieuw land. En
toch, wie naar het heerlijke kleine museumpje in het voormalige kerkje gaat,
zal zich weer kunnen indenken in de gemoedstoestand van de oorspronkelijke
dominee van Urk.
Wanneer hij het museum verlaat, kijkt hij van de kleine steile heuvel uit over

het welige land van de Noordoostpolder. Niets dan veiligheid en welvaart, maar vlak voor hem staat daar nog de houten beschoeiing die eens de bulderende zee keerde, maar die nu afdaalt in akkerland en korenveld. En achter hem staat in het gras een metershoge zwart geteerde paal met een peilschaal die eens stormvloed en overstroming heeft aangegeven. En boven zijn hoofd vaart de wind nog door de oude iepen om het kerkje, even groot en luid alsof hij nog over zee kwam, over de zee die met zijn bulderen de dominee van Urk zijn preek deed vergeten.

Ik heb u nu zo langzamerhand heel Nederland rondgesleept, voor zover ik daar voor u tenminste een beeld kon oproepen van het Nederland van weleer. Het noorden, mijn eigen Groningse geboortegrond is er daarbij voorlopig wat bekaaid afgekomen. Daarom nu gauw een beeld van Groningen en de Groningers.

Ik heb u al gesproken van het feit dat er in de Lage Landen zulke enorme verschillen in mentaliteit tussen naburen bestaan. In de goede oude tijd gold dat in het westen voor Amsterdam en Rotterdam. De Amsterdammer voelde zich toen nog een echte 'regent', een deftige koopman wiens schepen eens de zeven zeeën bevaren hadden, kortom een 'HEER'. Op de geboren en getogen Rotterdammer keek hij 'du haut de son hauteur' met verachting neer. Voor hem was de Rotterdammer een opkomeling, een parvenu, kortom geen 'HEER'.

In die dagen deed een standaardgrapje opgang.

Een Amsterdammer en een Rotterdammer wedden wie van hen beiden de ergste leugen kan vertellen.

Een typisch winters gebeuren: bij de gebakkraam wafels en oliebollen kopen om gezellig thuis op te eten.

De Rotterdammer mag als eerste de nobele strijd openen. Hij begint: 'Er was eens een heer uit Rotterdam...'

'Laat maar,' valt de Amsterdammer in. 'U hebt al gewonnen.'

Hetzelfde antagonisme bestond en bestaat tussen Friezen en Groningers. Wanneer een buitenlander – zoals maar al te vaak gebeurt – tegen een Groninger zegt dat hij geleerd heeft dat het hele noorden van de Lage Landen door Friezen bewoond wordt, heeft hij het meteen verbruid.

Is er een zo groot verschil in karakteristiek tussen die twee nabije buren...? Als Groninger ben ik geneigd die vraag met ja te beantwoorden. Voor de Groninger is de Fries een en al koppige romantiek. Hij is louter gesloten egocentrie, praat voortdurend over zichzelf en bekijkt zijn mede-Friezen met het hem eigen verborgen gevoel voor trotse dramatiek.

Voor de Fries is de Groninger niets dan nuchtere krenterigheid. De nuchterheid die zelfs in de meest tragische omstandigheden de Groninger niet zou verlaten, vertaalt de Fries graag met het volgende grapje.

Twee Groningse boeren zijn een avondje gaan kegelen in de stad en hebben daarbij een goed glas gedronken. Lichtelijk aangeschoten besluiten zij de kortste weg naar huis te nemen, langs de spoorbaan. Halverwege blijft Sicco staan en zegt:

'Daar lait 'n arm.'

Fokko kijkt en zegt:

'Ja, daar lait 'n arm.' Want inderdaad ligt er een kennelijk door een trein afgereden arm naast de rails.

Zwijgend lopen zij verder tot Fokko blijft staan en zegt:

'Daar lait 'n bain.'

'Ja,' zegt Sicco, 'daar lait 'n bain.' Want inderdaad, daar ligt een afgereden been langs de spoorbaan.

Zwijgend loopt het tweetal verder tot Sicco zegt:

'En daar lait 'n hoofd.'

'Ja,' zegt Fokko, 'daar lait 'n hoofd.'

Zwijgend bekijken zij het afgereden hoofd. Beiden herkennen het. Het is het hoofd van een goede kennis: boer Bolhuis.

Zonder een woord lopen zij daarop verder. Het is Fokko die tenslotte het zwijgen verbreekt.

'D'r zal Bolhuis toch niks overkomen weezn?' zegt hij.

Als goede Groninger moet ik opkomen tegen de niet alleen uit Friesland stammende karakteristiek van de Groninger als gierig. De Groninger is 'money conscious' net als de Amerikaan, maar gierig is hij niet, net als de Amerikaan. Hij is nuchter en zwijgzaam maar zijn ja is ja en zijn nee is nee. Dat hij nuchter is en zeker wanneer het geld betreft, illustreert de Fries graag met het volgende.

In een gezelschap oppert iemand de vraag wat men zou doen als men de honderdduizend won. Iedereen blijkt voor zijn onverwachte winst een andere bestemming te hebben. De een zou allereerst een prachtig collier voor zijn vrouw kopen; de ander zou een cruise om de wereld maken; een derde voelt meer voor een dure nieuwe auto. Tenslotte is de Groninger aan de beurt.

'En wat zoudt u doen als u de honderdduizend zou winnen?'

'Natell'n,' zegt de Groninger.

Tenslotte zijn zwijgzaamheid.

Een Groninger zit aan een vaartje te vissen.

Als men er eens echt uit wil zijn, trakteert men zichzelf op een portie poffertjes.

*Voor de variététent wordt de
volgende voorstelling
aangekondigd.*

Een tweede Groninger, ook een hengelaar, komt naast hem zitten, zonder
een woord. Maar de vis wil niet bijten. Eén uur, twee uur, tenslotte drie uur
zitten ze zwijgend naar hun dobbers te turen. Dan zegt nummer 2:
'Ze bijt'n niet.'
Verontwaardigd staat nummer 1 op en loopt weg met de woorden:
'U praat mij te veel, meneer.'
Is het allemaal waar? Ik moet het betwijfelen. Tenslotte kan de Groninger om
zichzelf lachen en heeft hij een heerlijk gevoel voor humor.
Een Groninger emigrant komt na vijftien jaar terug uit Australië. Hij besluit
in de stamkroeg in zijn dorp eens te gaan kijken of alles daar nog bij het oude
is. Dat is het. Zelfs de man achter de tapkast is nog dezelfde. Zij herkennen
elkaar, maar geen van beiden zegt een woord. Eindelijk kijkt de emigrant
zijn bekende van vroeger vriendelijk aan en zegt:
'Ik zou wel 'n uitsmijter lust'n.'
De man achter de tapkast verroert zich niet en zegt even vriendelijk:
'Ja, mie jong, dâd zou'k ook wel.'
Genoeg. De animositeit tussen Groningers en Friezen is in de grond van de
zaak niet meer dan een groot spel dat ernstig wordt gespeeld, en al deze grap-
jes zijn uiteindelijk ontstaan uit de wederzijdse behoefte om te lachen, maar
bij voorkeur in het vuistje.

Omdat ik als brave vreedzame Groninger de Friezen niet meer voor het hoofd wil stoten met deze ontboezemingen dan strikt noodzakelijk is wil ik u tot slot van dit verhaal over het noorden des lands meenemen naar de goede oude tijd in Janum.

Nee, lieve lezer, nu niet meteen zeggen: 'Hij heeft het in de Bokma gezocht als bron van inspiratie. Hij bedoelt natuurlijk Jajum.'

Nee, dat heb ik niet. Ik heb het over het gehucht JANUM in Friesland en over de schoonheid en menselijke goedheid die daar mijn Groningse hart hebben verwarmd.

Dat kwam zo. Filosoferend over lieden die onwijs genoeg zijn om zichzelf voor wijs te verslijten (soms in een slijterij) en die daarom strijk en zet beweren dat er in oude spreekwoorden en zegswijzen zoveel diepe wijsheid schuilt, kwam ik tot de conclusie dat al deze 'wijsheden' meestal niet anders zijn dan platgetrapte en maar al te vaak onjuiste gemeenplaatsen. Hebt u wel eens nagedacht over de algemeen aanvaarde zegswijze: 'Een ongeluk zit in een klein hoekje'? Wat een cynische platheid. Niet het ongeluk zit in een klein hoekje. Nee een geluk, HET GELUK, zit in een klein hoekje!

Zo'n hoekje is het gehucht Janum in Friesland met een paar boerderijen om een Romaans terpkerkje dat van zijn bescheiden hoogte het hele wijde groene land nog altijd lijkt te beheersen met zijn vroomheid. Het torenloze bouwsel, niet veel meer dan een kapelletje van de Cisterciënsers uit de twaalfde eeuw, 'de schiere monniken' die het eiland Schiermonnikoog zijn naam gaven, herbergt een stil geluk voor de zoeker naar de goede oude tijd. Het is nu een landelijk museumpje. De reusachtige sleutel kunt u halen bij de koster naast de deur. Hij gaat niet met u mee om te kijken of u misschien iets beschadigt of souvenirs jaagt in zijn heiligdom. Dergelijke lieden komen niet naar Janum. Ga naar binnen en verteder u over de paar grafzerken waar u met respect omheen loopt, over de resten van wat eens een altaar was; over de landelijke vertrouwelijkheid van het houten dakgewelf en over het uitzicht uit de kleine ramen naar het land, rondom getekend door de zadeldaktorens van andere kerkjes.

De kleine ruimte op zijn opgeworpen hoogte boven het vlakke land ademt nog de geest van de boerenmonniken die de Cisterciënsers waren. U proeft er nog de atmosfeer van veiligheid in Gods hand wanneer men bij stormvloed en hoogwater zijn toevlucht zocht op die miniatuurheuvel. U voelt er in eigen botten en spieren de vlijt van de mensen die het land rondom beveiligden, bebouwden en bedijkten.

Het geluk zit hier in een klein hoekje, in een klein kerkje met een houten klokkenkansel buiten met één geweldige ter plaatse gegoten klok om alarm te roepen bij nacht en ontij of te vermanen tot gebed en inkeer.

Buiten gaat de wind om die hier bijna nooit zwijgt, zingen vogels en ligt het boerenland, nu eens en voor al veilig en vertrouwd binnen de reusachtige cirkel van een ongeschonden horizon.

Schrijf uw naam zorgvuldig in het gastenboek en ga dan (ondanks uw begrijpelijke aandrang om er stiekem met de grote antieke sleutel vandoor te gaan) nog even praten met het kostersechtpaar dat geduldig wacht tot u dit kleinood weer terugbrengt. Dan blijkt dat het geluk ook in een warm hoekje kan zitten in hun huisje onderaan de terp.

'Wil meneer niet een kopje koffie blijven drinken?'
Ja, meneer blijft graag om met de koster en zijn vrouw te praten over het

Het marktplein was ook het domein van de kermisklanten die er, zonder tent en met eenvoudige middelen, hun voorstelling gaven.

bouwsel dat aan hun hoede is toevertrouwd. Hier vindt hij die oprechte gastvrijheid die alleen nog op het platteland te vinden is. De cake die de vrouw van de koster aanbiedt bij de koffie is vast en zeker zelf gebakken en alleen gekruid met menselijke vriendelijkheid en gastvrijheid.

Hier neemt men geen afscheid. Hier zegt men alleen: 'Tot ziens' met het vaste voornemen om terug te komen.

Buiten staat men weer in de wind die hier bijna nooit zwijgt en daar zegt de geboren en getogen Groninger:

'Fryslan boppe!'

Zeker, Fryslan boppe, maar Groningen moet ook zijn deel hebben. Ziehier. De noorderling bekijkt de lieden uit het westen van het land, vooral de Hagenaars, met een zekere trotse argwaan. Hij noemt hen 'Hollanders' en vertrouwt hen maar matig. Hij schrijft allerlei kwalijke zaken waaraan zij allerminst debet zijn maar al te graag op hun rekening. Bij voorbeeld het sprookje van de Dollard, de zuidelijke uitstulping van de Eems. Volgens de Groninger zouden de Hollanders verantwoordelijk zijn voor het verhaal dat deze watervlakte oorspronkelijk de Gulden geheten zou hebben, maar dat de schraperige Groningers daarvan de Dollar hadden gemaakt in de goede oude tijd, toen de dollar nog twee gulden vijftig was en het naar hem genoemde water dien-

*Een andere openlucht
gebeurtenis was het optreden
van een reizend
toneelgezelschap.*

overeenkomstig in waarde zou stijgen. De plat-Groningse uitspraak zou dan
van de Dollar de Dollard hebben gemaakt.

Allemaal onzin, natuurlijk. De Groninger spreekt niet van de Dollard maar
noemt hem de Dollerd. Nee mevrouw, niet omdat zijn golven zo dol te keer
kunnen gaan. De naam komt van het woord 'dole' dat kuil betekent.

Wie het u anders vertelt geeft alleen maar praatjes weer over een heerlijk gebied dat als geen ander de goede oude tijd voor ons doet herleven. Dat begint
al min of meer in Beerta. Daar stijgt men af in een uniek logement dat de al
even unieke naam draagt: 'Hotel-Café-Restaurant Gemeentehuis'. Het is
een ontroerend lelijk bouwsel dat voor de helft inderdaad het gemeentehuis
van Beerta onderdak geeft en in de andere helft de goede herberg 'Hotel-
Café-Restaurant'. Daar onvangt de eigenaar u met dezelfde gastvrijheid die
zijn lokaliteit ademt. U eet er voor een habbekrats een voortreffelijk omeletje,
drinkt daarbij een enkel glas wijn (zonder wijn geen vreugdevol reizen) en
kijkt vertederd naar een reusachtige brandkast in een hoek van het zaaltje die
u het veilige gevoel geeft dat de eigenaar die wel voor u zal openen om daaruit uw lunch te betalen, mocht u uw portefeuille eens vergeten hebben.
Hotel-Café-Restaurant Gemeentehuis verschaft namelijk ook onderdak aan
de plaatselijke spaarbank, waarvan het bestuur hier van tijd tot tijd vol decorum vergadert. Wijdt nu nog een paar vriendelijke gedachten aan mijn over-

111

grootvader Plaat die in Beerta het beroep van arts combineerde met de functie van burgemeester. Het verhaal dat hij de dorpsbegroting met een stethoscoop placht te beluisteren is een fabel.

Neem afscheid van de eigenaar en uw glas wijn en rij over 'Hongerige Wolf' (ja, heus, zo heet het) naar de Westerveldse A, een watertje met aan het eind een sluis die kennelijk in geen jaren meer open is geweest en daarachter de voortzetting van de A door de buitendijkse kwelders van de Dollard. Er staan nog wat vervallen steigertjes waaraan eenmaal vissers afgemeerd moeten hebben, maar verder is er alleen de reusachtige rust van de vlakke en boomloze kale kwelderwildernis tot aan de verre waterkant. Een leeg verschiet van kort dor gras, moddergreppels en stilte.

Leeg en stil? Welnee. De hele platte wereld is vol vogelroepen: meeuwen, tureluurs, kieviten, wulpen, bergeenden, leeuweriken, talingen en ga maar door. De een roept waarschuwend zijn naam, de ander kantelt vol muziek door de lucht, de derde klaagt en de leeuwerik jubelt vanaf het moment dat hij wiekend opstijgt totdat hij in een bijna onzichtbare hoogte zijn hart blijft uitstorten, om dan opeens al kwinkelerend in bijna rechte lijn neer te dalen naar zijn nest. Het is iets heerlijks, dit koor van soms tegenstrijdige stemmen dat desondanks de hele ruimte vult met een grote harmonie.

Geen enkel 'eigentijds' geluid. Geen tractorgeronk, geen motorgedreun, geen rook en smook van een fabriek, alleen stilte, van hoog tot laag vibrerend van vogelstemmen. Men bereikt de kust, waar onbedijkt land en water ongemerkt in elkaar overgaan en merkwaardig genoeg gouden riet tot aan de zee optrekt. Daar staat men stil in verrukking, want boven dit alles is trompetgeschal geweest in een hemel vol zon. Kijk op. Daar roeit een vlucht kraanvogels laag over. Een pijlpunt van de reusachtige vogels wiekt naar het oosten, op weg naar het hoge noorden langs de kusten van Duitsland en Denemarken.

Nu mag u mij voor gek verklaren (hetzelfde aan u!), maar ik kom er eerlijk voor uit dat ik met tranen in mijn ogen die trek heb gevolgd. Het is veertig jaar geleden dat ik voor het laatst de kraanvogeltrek (toen nog in duizenden) boven de bossen en heiden van de Veluwe heb mogen volgen. Veertig jaar lang heb ik naar een herhaling van dat schouwspel verlangd. Hier wordt het mij geboden, hoezeer dan ook in bescheidener vorm.

Wat bepaalt de ontroering van zo'n ontmoeting? Is het de gedachte dat deze sierlijke vogelreuzen met een wiekspan van meer dan twee meter helemaal uit Afrika op weg zijn naar de toendra's en moerassen van Lapland waar zij zullen nestelen? Is het het mysterie van de trek zelf? Ik weet het niet. Ik weet wel dat het even vermakelijk als raadselachtig is om de kraanvogels te zien, gevolgd en gehinderd door een vlucht bergeenden. Zij vliegen de deinende vogels die onbewogen als vikingschepen voortvaren hinderlijk vlak voor hun snavels. Zij proberen hun trek door obstructie te bemoeilijken, maar zij slagen er niet in hen te doen afwijken van een eeuwenoude weg naar hun broedplaatsen, honderden kilometers noordelijker in de wildernis. Ik tuur hen na door mijn kijker tot zij in het blauw van de hemel opgaan en alleen weer de stilte vol vogelroepen om mij heen is. Eén keer maar hebben zij hun trompetsignaal laten horen, maar als ik mijn kijker eindelijk met stijve armen laat zakken weet ik dat ik een beeld van de Dollard van weleer heb gezien. Alleen moet toen de hemel zwart geweest zijn van honderden vluchten zoals dat lang geleden ook was boven de van regen druipende Veluwe. Maar een mens moet nooit te veel vragen. De Dollard met één vlucht kraanvogels is al een geschenk des hemels dat met geen miljoen dollar te betalen is.

Eén miljoen dollar zou ik overhebben voor iets wat ik aan de andere kant van de Lage Landen, in Brabant, heb geleerd en ervaren.

Eerst wat ik heb geleerd. Daar bestaat geen twijfel aan: de kano is het oudste vervoermiddel waarin de mens heeft gereisd. Lang voor de wagen rolde en zeker voor de eerste slee getrokken werd door honden, gleed de eerste kano te water. De fameuze 'holle boomstam' waarin de Batavieren de Rijn afzakten om hier de Kelten op hun gezicht te komen; de berkebastkano van de Indianen uit het hoge noorden van Canada; de kajak van de Eskimo's; de opblaasbootjes van varkensblazen die al honderden jaren geleden over de Eufraat en de Tigris voeren, ze zijn allemaal in hun tijd en hun land de andere vervoermiddelen voorafgegaan. Misschien dat één vaartuig nog oudere rechten heeft: het vlot. Maar dat miste van oudsher de wendbaarheid en bestuurbaarheid van de kano, de prauw, de pirogue, de kajak en hoe ze verder ook allemaal mogen heten.

Nogmaals, de boot is het oudste vervoermiddel van de mens. De eerste boten zijn zeker niet veel groter dan kano's geweest. Men leert de scheepsbouw nu

Grote toneelspelers verwaardigden zich niet om op straat op te treden; voor de schouwburg stond al vroeg een lange rij wachtenden om een kaartje te kunnen bemachtigen.

Het koortje zong kerstliederen
op de hoek van iedere straat

eenmaal niet in een handomdraai. Eerst langzaam heeft de ontwikkeling zich voltrokken van kano's naar roei- en zeilschepen, van de riviervaart naar de zeevaart. Maar in Brabant heb ik opnieuw geleerd dat de riviervaart het hoogste reisgenot geeft. Waarom? Omdat een rivier niet aangelegd is, maar zichzelf zijn weg heeft gezocht of gebaand. Die weg is de natuurlijkste gang door ieder landschap. Hij is niet bepaald door economische of verkeerstechnische noodzaken. Hij is geschapen door Moeder Aarde zelf die haar rivieren de schoonste doortochten gunde die zij te bieden had. Daarom, reis met de rivier en u reist met het geluk. Ook ik.

De dagen van het grote feest zijn voorbij. Ik zal niet meer in dolle opwinding tussen juichende triomf en kille doodsangst de brullende stroomversnellingen van de Durance uitrijden; ik zal niet meer in mijn bootje die heerlijke hindernisritten maken daar waar de vredige Tarn plotseling in wilde galop gaat; en of ik ooit nog eens op een nietig vlotje met twee grimmige vlotvoerders de gezwollen Salza in Oostenrijk zal afvliegen, is ook de vraag. Maar gelukkig, een kinderhand is gauw gevuld en in mijn Canadese kano vaar ik nu Nederlandse rivieren af, op weg naar het verleden.

Tot zover wat mijn rivieren mij vroeger geleerd hebben. Nu wat ik daar tegenwoordig ervaar.

Vlak bij de Belgische grens schuif ik mijn kano het water van de Dommel in en begin door het zomers ruisende Brabantse land de tocht naar... Enfin, naar waar hij zal ophouden. Mijn leven lang heb ik geen gelukkiger moment gekend dan dat waarop men een kano afduwt van de oever van een rivier. Het ene ogenblik behoor je nog tot de wereld van auto's, politiek en bemande maanraketten, het volgend moment ben je alleen met het water dat je draagt waarheen je wilt, om het even of dit nu naar Waalre in Brabant is of naar 'the land of little sticks' in Noord-Canada.

De Dommel is helder en snel. De murmelende muziek van mijn peddel in het water heeft zo'n bekoring dat het moeilijk is om die eens even te laten rusten en alleen maar op de gang van het riviertje verder te drijven door de stilte. De eenzaamheid om mij is volmaakt. Geen autoweg te horen. Geen boerderij te zien. Alleen wat koeien langs de kant in de malse weiden binnen de groene muren van hoog hout. Met een onbeschrijfelijk stupide uitdrukking op hun gezichten zien ze mij voorbijdrijven, maar hun koeiekaken blijven malen. Wat een bestaan! Je eten naar binnen slikken, gaan liggen, een boer laten en het opgerispte voer eindeloos herkauwen.

Het deert mij niet, want de Dommel is voor mij al lang de Dommel niet meer maar een onbekend riviertje dat tussen bos en veld, hout en struiken, riet en weilanden dwars door de zomer stroomt naar de dagen van weleer. Ik ben terug in de wildernis. Welke...? Ik zou het niet weten. De ene bocht na de andere vloeit op mij af. Het ene verschiet van hooguit vijftig meter na het andere opent zich voor mij over het water.

Er zijn passages waar fluisterend loofhout mij van beide kanten insluit. Er zijn slingers waar de oevers te hoog zijn om mij te laten zien of ik tussen verre bossen, hei, korenvelden of akkers vaar. Er zijn momenten waarop ik zo grenzeloos dankbaar ben voor deze vrede die mij als in een droom vroegere en wildere tochten in heel andere streken laat zien, dat ik na rijp beraad mijn in de Dollard gedane bod verhoog.

'Voor geen twee miljoen dollar...'

Terp, koe en kerktoren als symbolen van Nederlands merkwaardigste provincie Overijssel

Waarin de schrijver duidelijk maakt dat Overijssel niet voor niets zijn naam draagt daar het nu eenmaal het kind is van Nederlands snelste rivier de IJssel, zijarm van de Rijn die zijn eigen weg koos, niet naar het westen maar naar het noorden. Hij serveert zijn lezers enkele zogenaamde 'Kamper uien' waaronder één die de vroedschap van deze kleine provinciale metropool er jaarlijks toe brengt een opgezette koe een maand lang van de hoogste trans van haar beroemde kerktoren te laten bengelen.

*Niet iedereen was even
stichtelijk . . .*

A LS je je zij het door een toeval hebt opgeworpen tot de gids van binnen- en buitenlanders door je eigen land en ten dele ook door de historie daarvan, stuit je bijna dadelijk op een wijdverbreid misverstand dat meteen rechtgezet dient te worden. Tallozen beschouwen de dijk als het meest typisch Hollandse instrument dat de mens heeft ingezet in zijn strijd tegen de natuur. Zodra er mensen in de Lage Landen verschenen bonden zij de strijd aan tegen het eeuwig aanvallende water door de dijkbouw waarmee zij de oervijand tegenhielden en hun land achter de dijk beveiligden.

Dit beeld is niet juist. Oorspronkelijk verzetten zij zich niet tegen het water maar bouwden alleen veilige hoogten, terpen of wierden, waarop zij woonden en veilig waren voor stormvloed en ontij. Het land eromheen diende voor hun schaarse landbouw en hun vee tot springvloed of storm de zee er overheen joeg en alles op de hoogte van de terp zijn toevlucht zocht. Kortom, men viel de zee niet aan met dijken en zeewering, maar men liet hem komen en trok zich dan terug op de veilige hoogte van de terp boven het peil van de vervaarlijkste vloed.

Zo had het nog lang kunnen gaan als de zee niet geleidelijk haar peil had zien stijgen door het smeltwater van de ijsmassa's na de laatste ijstijd. Niet de mens heeft de zee aangevallen, maar de zee heeft, steeds stijgende, de mens gedwongen tot een effectiever beveiliging dan de terp bood. Tussen 1000 en 1200 na Christus is men met de dijkbouw begonnen. Vanaf die tijd dateren dan ook de eerste geschreven en ongeschreven regelingen en wetten die betrekking hebben op de Nederlandse Waterstaat.

Is er nog een stukje Nederland waar men vandaag aan de dag nog iets van die 1000-jarige historie kan zien? Maar natuurlijk, een heel stuk zelfs. Op het Kampereiland in de kop van Overijssel zijn nog kleine terpen met één boerderij erop, waar de toestand tot 1932 niet anders is geweest dan 1000 jaar geleden. Voor de Afsluitdijk uit de Zuiderzee het IJsselmeer maakte, werd het Kampereiland niet beschermd door dijken. Bij hoge vloed liep de hele zaak onder en zat men op de terpboerderijen met vee en mensen boven het water. Wilt u zo'n stuk waterschapshistorie zien, ga er dan heen. De dijken houden nu het land droog maar de terpen met hun boerderijen erop zijn er nog, en er is niet veel fantasie voor nodig om zich een gierende stormnacht voor te stellen, wanneer het zwarte wassende water aan alle kanten aan de voet van de terp knabbelt.

Hoe sterk nog de traditie van het leven onder de hoede van een terp is, werd door niemand minder dan koning Lodewijk Napoleon bewezen. In 1806 werd hij door zijn almachtige broer tot koning van Holland gemaakt. Als zodanig was hij een tegenvaller. Zijn belangstelling ging meer uit naar het hem in de schoot geworpen koninkrijk dan naar het keizerrijk van zijn broer. Daarom zette de laatste hem in 1810 al weer af en lijfde zijn efemere koninkrijk in bij zijn eigen iets minder efemere keizerrijk. Het was niet des konings schuld dat vóór zijn komst het Franse regime het onderhoud van de dijken had verwaarloosd. Het was niet zijn schuld dat de winter van 1808 op 1809 zo streng was dat alle grote rivieren dichtvroren. En het was zeker niet zijn schuld dat eind januari 1809 een storm opstak die het kruiend ijs tegen de dijken opjoeg zodat vele het begaven en wijde stukken land onder water kwamen te staan.

Niets bijzonders, zult u zeggen voor mensen die sinds eeuwen strijd gevoerd hebben tegen het water. Wel bijzonder was echter het voorstel van de goedwillende koning hoe men deze en latere rampen zou kunnen keren.

Hij stelde voor om de dijken af te graven, met de grond die daarbij vrijkwam terpen aan te leggen en daarop de dorpen te bouwen! Het is niet juist dat de Nederlandse magistraten 's konings voorstel hebben begroet met de klassieke kreet: 'Lust u nog peultjes?!' Waarschijnlijker is dat het koninklijk plan discreet werd afgelegd bij de stukken 'waarover nader advies diende te worden ingewonnen van een te benoemen commissie van deskundigen.' Onderwijl ging men met man en macht aan het werk om de dijken te herstellen.

Als u nu toch naar Kampen gaat geniet uw verblijf daar dan in rust. Zoals iedere stad die de doorgangspoort van een grote rivier is, zo is het ook met Kampen. Zo'n stad, hoe klein ook, behoudt nooit zijn dorps karakter. Alleen al door het scheepsverkeer groeit hij uit tot een provinciale metropool. Kampen heeft noch aan de IJsselkade noch aan zijn grachten en straten in de stad zelf de pronk van Amsterdam, ook niet de wetenschappelijke praal van Leiden, noch de affectatie van Den Haag. Zijn deftigheid is bescheiden, de statigheid van zijn huizen pretendeert niet meer dan een provinciaal aureool, maar toch voelt de bezoeker uit alles dat dit het hart van het omliggende land en water is, dat hier de kop van Overijssel leeft. Rustig, zonder praatjes en zonder ophef. Rustig, zonder praatjes en ophef verstaat bovendien de bevolking van deze kleine hoofdstad de kunst van om zichzelf te kunnen lachen. Ik heb het over de koe die 's zomers levensgroot boven aan de kerktoren hangt. Nee, maak u geen zorgen. Het is geen echte koe, maar een opgezette en de historie is deze.

De Kampers of de Kampenaren hadden van oudsher de naam domme lui te zijn. Zeker ten onrechte, anders was hun stad niet een belangrijke vestiging van de roemruchte Hanze geworden. Maar u weet het: niets moeilijker dan een kwalijke naam kwijt te raken. Dat gaf aanleiding tot het ontstaan van de 'Kamper uien', een voor een anekdoten waaruit Kampen en de Kampenaren als hoogst onbenullig tevoorschijn komen. Maar in plaats van zich boos te verzetten heeft Kampen de 'Kamper ui' als een soort eigen handelsmerk aanvaard en die van de koe zelfs tot een jaarlijkse festiviteit verheven.

Dit is het verhaal dat iedere Kampenaar je trots zal vertellen:

Op een goede of liever kwade dag brandde in Kampen de spits van de kerktoren af. Kerkeraad en magistraat kwamen tot het besluit de kerk onverwijld van een nieuwe spits te voorzien. Maar – en daarvoor moet je in Kampen

De postkoets brengt een nieuwe lading kerstganzen naar de stad.

zijn – er gebeurde niets. Er gebeurde zo lang niets dat er tenslotte gras op de afgebrande spits begon te groeien. Nu kwamen kerkeraad en magistraat in beweging. Waar gras groeide hoorde men koeien te houden. Dus, onverwijld een koe naar de afgebrande spits gehesen. Het ging in de perfectie. De koe kwam boven maar graasde niet, want de Kampenaren hadden hem naar boven gesjord aan een touw om zijn hals. Arme koe...

Maar postuum krijgt de legendarische koe ieder jaar zijn eerbetoon, wanneer hij opgezet en levensgroot en wel in weer en wind aan een touw om zijn hals uit de toren bengelt.

Wilt u nog een Kamper ui? Vooruit dan maar.

Op een goede dag – het is al lang geleden, toen het water van onze rivieren nog niet vervuild was – werd in Kampen een prachtige steur gevangen. Zo prachtig dat de magistraat besloot hem niet dood te maken maar weer te laten zwemmen. Daar Kampen hem echter voor bepaalde feestelijke gelegenheden als rechtmatig eigendom van de stad wenste te kunnen herkennen, deed men hem een belletje om zijn nek...

Helaas is er nog een Kamper ui met een steur als hoofdpersoon. Ik zeg helaas, want die is wèl waar.

Niet lang geleden werd er in Kampen een prachtig modern zwembad geopend. Men besloot nu de Kamper ui van de steur een beter slot te geven. Men liet een steur uit Rusland komen. Een prachtexemplaar dat plechtig werd losgelaten in het nieuwe bad. Helaas overleed de super-steur binnen een half uur, daar men in Kampen vergeten had dat steuren niet aan een chloor-dieet zijn gewend.

Maar goed, dat alles doet niets af aan de onvergelijkelijke bekoring van Kampen. Die bekoring verklaar ik uit het feit dat er in Kampen veel kleine verschieten, veel straatjes en pleintjes en veel plekken aan de IJsselkade zijn waar men zich zo in de goede oude tijd zou wanen zonder dat die ervaring aan de andere kant de gedachte oproept: 'Wat een ingeslapen boeltje.' Kampen leert de bezoeker bovendien dat onze dierbare goede oude tijd van tijd tot tijd even horribele zaken neerzette als de dagen van vandaag. De twee lelijkste bouwsels van Kampen zijn de schouwburg uit de vorige eeuw en de IJsselbrug uit deze. Maar zoals het met oude en moderne dingen is, verknoeit zijn omgeving niet, het andere bederft alles. Wie naar de schouwburg kijkt lacht vertederd, wie voor de verkeersbrug staat vraagt zich af: 'Hoe spelen ze het klaar?' Toch is ook daar troost te vinden. Niet alleen door u om te keren en de aanblik van de kerk – al of niet met 'koe in top' – te genieten, door uw ogen te laten dwalen langs de provinciale voornaamheid van de huizen langs de IJsselkade, maar ook door het contrast tussen heden en historie dat hier rondom voor het grijpen ligt. Het machtige land met bij iedere terpboerderij een rietomzoomde kolk, restant van een stormvloed van weleer of een dijkbreuk van later. Iets verderop een modern gemaal en de gruwelijke rechtlijnigheid waarmee de heren van Waterstaat blijkbaar tot in der eeuwigheid zullen blijven werken. Zullen zij dan nooit leren beseffen dat een flauwe bocht in vaart of weg het leven afwisselender, schoner en zelfs veiliger maakt? Dan is er tenminste één ogenblik voor schipper, fietser, wandelaar of automobilist de vraag: 'Wat zal ik aan de andere kant van de bocht zien? Wie zal daar aankomen?' Eén ogenblik van extra oplettendheid dat men nooit zal ervaren op een van die volmaakt overzichtelijke punten waar twee wegen die beide lijnrecht van de horizon komen elkaar kruisen en maar al te vaak het gevolg is: Boem is ho!

Het heeft geen zin om daarover met Waterstaatsmensen te praten. Zeg hun dat een landschap met wat bochten in sloten, vaarten en wegen oneindig mooier is dan de rechtlijnige monstruositeiten die zij uit het water tevoorschijn malen, en zij zullen u doodslaan met economische argumenten, met 'dode hoeken' die de boer hinderen bij zijn ploegen, van een aanleg van deze nieuwe wereld die in elk opzicht 'functioneel' moet zijn. Maar zij hebben kennelijk nog nooit gekeken naar die fameuze 'functionele' kinderspeelplaatsen in de grote steden waar het jonge volk zich in, op en met metalen constructies 'functioneel' kan vermaken. Hebben zij het verschil tussen het kindervermaak wel eens gezien op een 'eigentijdse' speelplaats en een stuk grond waar men aanmoedigt tot de spelfuncties met een omgevallen dode boom, een natuurlijke klim- en klautermogelijkheid met zand op de grond in plaats van betonnen tegels? Zal men bij Waterstaat dan nooit begrijpen dat dit Ministerie evengoed verantwoordelijk is voor wegen- en dijkbouw, als voor de schoonheid van ons land? Kent men na veertig jaar in Den Haag nog altijd niet het in Amerika al lang aanvaarde begrip van 'landscape engineering'? Nee, volgens het werk wat zij doen blijkbaar niet. Zij hebben alleen met het land te maken, niet met het landschap. De rechte lijn is de kortste verbinding tussen twee punten. Verder zijn zij nog niet gekomen. Dat de gebogen lijn het land tot landschap kan maken met de raadselen van zijn verschieten, met de geheimenis van datgene waarvoor de blik zich zal openen na het ronden van die bocht daar in de verte, nee, het is allemaal nog niet tot hen doorgedrongen. Dat zij daarmee hun plicht tegenover komende generaties verzaken... Zij halen hun schouders op en vergeten maar liefst dat men kortgeleden op hun eeuwige rechte wegen in Zuidelijk Flevoland het 'functionele' verschijnsel 'polderblindheid' heeft geconstateerd dankzij ongelukken. Maar in de omgeving van die kleine provinciale metropool Kampen, waar op de snelle IJssel de optocht of aftocht van IJsselschepen even indrukwekkend is als ginds in het zuiden die van Rijnschepen, is het oude land als een verademing steeds weer vlakbij het geprefabriceerde nieuwe land te vinden met zijn eindeloze wegen zonder beweging erin, met zijn eindeloze sloten, paden, velden en hekken die juist door hun eindeloze gelijkheid nergens heen lijken te leiden. Nog even volhouden en met een zucht van verademing overschrijdt u bij Blokzijl de grens tussen nieuw en oud, tussen fantasieloosheid die geen herinnering bij u achterlaat en de schoonheid van een landelijke metropool die u op de tong proeft bij iedere stap die u in de stille straatjes of langs het bevroren water van de wijde havenkolk doet. Kom er met mij 'hors saison' wanneer de ijle boomcoulisse achter de huisjes het uitzicht over de haven een ongekende diepte geeft, een diepte die over de oude geveltjes heen tot ver in de goede oude tijd lijkt te reiken. Wandel er met mij rond door de bochtige straatjes met juwelen van bescheiden bouwkunst aan weerszijden. In Amsterdam hebt u grotendeels in de achttiende eeuw vertoefd, hier loopt u bijna uitsluitend door de zeventiende. Toegegeven, hij is er niet zo maar blijven staan

Op de markt kocht men alle ingrediënten voor het kerstdiner.

in gratie en zuiverheid. De restaurateurs hebben de architecten van weleer een handje geholpen. Waar gevels en soms hele huizen dreigden in te vallen, gesloopt te worden of ontsierd door de een of andere nieuwlichter, is men aan de gang gegaan met dezelfde voorzichtige liefde die Enkhuizen zo veel van zijn oude glorie heeft teruggegeven, die het ook heeft behoed voor verval en voor 'de ontferming der slopers' over een 'waardeloze hoop steen' die door vromer handen weer werd hersteld in volle schoonheid. Zo is Blokzijl een sprookje gebleven, maar – ik waarschuw u – met het nieuwe land zo dichtbij dienen sprookjes alleen hors saison genoten te worden. Als alle Blokzijlers op het ijs zijn buiten het stadje, zou het geen mens verbazen als hij opeens een sprookjeskoning met zijn hermelijnen mantel aan en zijn zondagse kroon op zijn zilveren lokken, op heel ouderwetse schaatsen over het ijs van het spiegelende haventje zag zwieren. En gelachen dat we hebben, toen hij op zijn vorstelijk achterwerk viel en zijn kroon van zijn hoofd rolde en ver weg in een wak verdween... Gelachen, dat wij hebben...!

Dat kan namelijk in een sprookje. Althans, 'hors saison'.

Zolang het vriest is een sneeuwpop een aardige verschijning. Bij invallende dooi doet de eigenaar van de pijp er goed aan hem tijdig weer in bezit te nemen.

Neen?
Toch een
'happy ending'
want zonder
de provincie Limburg
zou het beeld van
de Lage Landen
niet compleet zijn

Waarin de schrijver een beeld geeft van de enige Nederlandse provincie die helemaal tot 1906 een hertogdom gebleven is en als zodanig ook vandaag aan de dag nog meer internationaal is ingesteld dan alle andere provincies samen.

Een strenge winter brengt naast veel ongerief altijd ook een heleboel ijspret.

IS het juist om te verklaren dat Limburg onze meest internationaal ingestelde provincie is en dat juist uit dit besef de eigen aard van land en lieden voorkomt die zelfs sterker is dan in Friesland? Ik zou zeggen van wel. De gelukkige openheid van de toch al menselijk zeer open Limburger voor internationale invloeden van buiten dankt hij aan compromispolitiek van de grote mogendheden sinds in 1839 België definitief van Nederland werd afgescheiden. In 1839 werd Limburg een Nederlandse provincie maar met dien verstande dat het als nieuwbakken hertogdom tevens lid was van de Duitse Statenbond. Een tijdlang eiste Limburg volledige autonomie onder koning Willem II die zich evenwel alleen 'hertog van Limburg' zou mogen noemen. Het is er niet van gekomen. In 1866 hield de Duitse Statenbond op te bestaan en was Limburg voortaan een puur Nederlandse provincie. Maar de titel 'hertogdom' bleef bestaan tot 1906 en nu nog spreekt men daar ginds niet van 'De commissaris van de Koningin' maar trouwhartig van 'de gouverneur'. Limburg is het kind van de Maas. Ook dat verklaart ten dele zijn internationale aard. De Maas – als bescheiden stroompje in Frankrijk geboren – slingert zich al als machtige rivier door heel België, geeft de grote stad Luik zijn aanzicht en vervolgt zijn gekanaliseerde weg door heel Limburg van zuid naar noord. In het vrolijke Maastricht, door de Maas in tweeën gesneden, voelt men zich als in België; aan de oostgrens van Zuid-Limburg – zo veel verder van de rivier – proeft men in het hele leven de nabijheid van Duitsland. Daartussen in het pretstadje Valkenburg kan men zich licht in een Duitse 'Sommerfrische' wanen. Maar of we het nu hebben over Maastricht, Vaals, Valkenburg, Roermond of Venlo, voor de 'Hollander' blijft Limburg het land van het carnaval. De spontane geestdrift waarmee daarginds het carnaval wordt gevierd bewijst eens te meer de open en ongecompliceerde volksaard van de geboren Limburger.

Er is nog een algemeen erkend waarmerk van Limburg, althans van het zuiden van het 'hertogdom'. Dat zijn de grauwe piramiden van de steenhopen bij de mijnen. Iets langer dan een halve eeuw hebben Limburgers en Hollanders elkaar gevonden in gemeenschappelijke trots op onze kolenmijnen. Zij waren de beste, de modernste en de veiligste van de wereld. Dankzij Zuid-Limburg kon Nederland vrijwel helemaal in zijn behoefte aan brandstof voorzien. Mijnwerkers stroomden toe, zelfs van over de grenzen. Zij verdienden goed aan hun hard en soms – ondanks alles – gevaarlijk werk, maar zij, 'de kompels' waren desondanks geen bijzonder gezien slag mensen in Limburg. Dit kan ook te verklaren zijn uit een zekere afkeer tegen de vele buitenlanders en Nederlandse niet-Limburgers onder de mijnwerkers. De vrolijke Limburgers behandelden hen niet altijd even goed. Ja, hun gedrag droeg veel trekken van 'de goede oude tijd op zijn smalst'. De begrippen 'opvang' of 'begeleiding' kende men nog niet. Een ander schandelijk begrip wel, dat van het 'altijd-warme-bed'. Het klinkt naar losgeslagen erotiek, maar dat was het allerminst. 'Het-altijd-warme-bed' was een op de ploegendienst gebaseerd systeem, door sommige pensionhouders die het met hun geweten niet zo nauw namen als met hun beurs, in hoge ere gehouden. Zij verhuurden de 'kompels' geen kamers, maar als het even kon een bed en dan nog één bed aan drie man. Een ploegendienst van drie maal acht uur maakt een etmaal en is als zodanig geschikt om financieel benut te worden. De ene huurder staat op, wanneer de ander thuiskomt en diens plaats in het voorgewarmde bed inneemt. Enzovoort, enzovoort.

Het kan in deze in veel opzichten anti-kerkelijke tijd geen kwaad om te vermelden dat het een priester was die zich als eerste tegen deze misstanden verzette en er tenslotte ook in slaagde er een algeheel eind aan te maken door de stichting van 'gezellenhuizen' waar de 'kompels' een menswaardig bestaan leidden. Merkwaardige parallel. In het kolenrijke Limburg was het de Limburgse monseigneur Poels die in onze tijd al zijn krachten gaf aan de verbetering van het lot van de mijnwerkers. In het goudrijke Mexico was het vijf eeuwen eerder de Spaanse bisschop Fray Bartolomé de las Casas die zijn leven wijdde aan de strijd voor een beter lot voor de verdrukte Indianen.

De las Casas werd 'de vader der Indianen' genoemd. Zou het overdreven zijn monseigneur Poels 'de vader der kompels' te noemen?

Nauwelijks waren Nederland en Limburg goed en wel begonnen trots te worden op hun brandstofproduktie uit de Limburgse mijnen, toen een nieuw slagwoord zich aandiende: de controverse kolen – olie. Nauwelijks had men deze als een controverse herkend of zij nam de vorm aan van een felle strijd. Nauwelijks was de strijd goed begonnen of de kolen hadden hem totaal verloren. De ene mijn na de andere moest sluiten. Olie en aardgas hadden definitief een streep gezet onder die tak van Limburgs welvaart. En nu...? De vraag stellen is niet haar beantwoorden.

Het is wonderlijk hoe het uiterlijk der dingen dikwijls in tegenstelling staat tot het innerlijk. Limburg is zo'n vrolijk land, de Limburger maakt zozeer de indruk van een zorgeloze flierefluiter, dat begrippen zoals '30.000 werkloze mijnwerkers' en 'herindustrialisatie' om nieuwe arbeidsplaatsen te scheppen op slag iets van hun dreigende toon verliezen wanneer men daarginds buiten om zich heen kijkt, of van boven op de wereld neerkijkt. Het klinkt misschien vreemd maar men kan in het heden geen zuiverder uitzicht krijgen op de goede oude tijd dan uit het modernste vervoermiddel dat ons daarvoor ter beschikking staat: het vliegtuig. Niet een van die bakbeesten met vierhonderd passagiers van binnen en vier straalmotoren van buiten die zelfs op 1500 meter hoogte met hun kannibalengebrul nog onze rust komen verstoren, maar een klein éénmotorig rondvlucht-toestelletje dat van het vliegveld Beek bij Maastricht opstijgt en dan op 300 meter hoogte met ons over het oude land van Limburg kruipt.

Van onze vorstelijke zitplaats lijkt alles daar beneden teruggekeerd tot de dagen van weleer. Daar liggen de statige boerderijen met open hof binnen het

Rond St. Nicolaas trekt de bakker er op uit om met zijn slee versgebakken speculaasfiguren te bezorgen.

vierkant van stallen en woonruimte. Niet anders lagen zij daar als Romeinse 'villa' 2000 jaar geleden. Daar kronkelt de Maas met zijn dode armen bezijden de rechte kanalisatie die wij met gemak over het hoofd zien. Daar liggen de bossen op de heuvels boven Gulpen. Daar kronkelt de Geul door het groen, niet langer een schilderachtig riviertje maar een beekje dat zijn eigen weg zoekt. Daar blinkt het goud van het koren in het Gerendal waar alles verstild is door de afstand: geen zachte deining van de zomerwind door de aren, geen ruisen van het dichte hout op de kammen daarboven en geen schallende roep van wielewalen die ons hier bereiken kan.

Het lijkt wel alsof alles zich heeft vermomd door zich in ouderwets kostuum te steken. De witte huisjes bij Epen met bruine balken, doorschoten tot een oud patroon; de roerloze koeien die niet eens opkijken wanneer wij boven hun hoofden voorbij snorren zonder hen te storen. Zelfs het gele treintje beneden voortkruipend naar Heerlen of Kerkrade ziet er niet uit alsof het echt was, eerder een stuk speelgoed geknutseld door iemand van vroeger die de toekomst voor zich zag wanneer er geen stoomtreinen meer zouden voorbij puffen. En die zwarte piramiden? Steenbergen uit de nu gesloten kolenmijnen? Welnee, speelgoed van reuzen die zich daar vermaakt hebben.

Een gezapige bocht. Een nieuw uitzicht helemaal over het wemelende Maastricht naar het rokende Luik, en dan begint de wereld onder ons weer vaart te krijgen. Het gaat harder en harder, lager en lager. Wij zakken terug uit het verleden naar de werkelijkheid van het heden. Een klein stootje, een kort rommeldebom van de wielen en we staan weer op het vliegveld Beek. Eigenlijk een beetje teleurgesteld.

Maar voor onze kamer vinden wij een ander voertuig dat ons iets belooft van het sprookje van de goede oude tijd: een tandem, een ouderwetse tweepersoonsfiets. Met enige moeite bestijgen de aantrekkelijke jonge vrouw die mij vergezelt en ik het vehikel. En dan begint een tweede tocht door de dagen van weleer over paadjes en kronkelweggetjes, langs beekjes en bossen, omhoog omlaag door het goede Limburgse land. Het is inspannender dan onze vlucht van zoëven, maar in zoverre mooier dat het uitzicht beperkt blijft tot de onmiddellijke omgeving en ons de moeite bespaart om ons te verbeelden dat de steenbergen in de verte het speelgoed van reuzen zijn en niet de bewijzen van Limburgs glorie en verval.

We kiezen het eerste het beste typisch Limburgse holle weggetje en zwoegen een helling op. Links en rechts bloeit het bijna manshoge pijpekruid; de geelgorzen zingen hun nooit vervelend deuntje uit de top van iedere struik, van elk paaltje langs een weiland omgeven door zijn bloeiende houtwal; verderweg horen wij nu de koperen roep van de wielewaal, even exotisch als het verenpak van de vogel met zijn fel geel en zwart. De helling is langer dan wij gedacht hebben en halverwege stelt mijn reisgenote voor om af te stappen. Ik ben een gehoorzaam man, zo lang er een bekoorlijke jonge vrouw in het spel is. Dus stappen we af, snuiven de geur van bloemen en planten op en luisteren naar de vogels die heinde en ver voor ons zingen. En dan gebeurt het wonder. Boven ons verschijnt een andere fietser over de top van de zomerse helling. Hij is in het zwart tot op zijn enkels. Een jonge priester die nu in suizende vaart naar beneden vliegt en ons passeert. Het is een jonge man. De hele zomer straalt uit zijn blauwe ogen. Hij werpt een aangenaam verraste blik op mijn hijgende reisgenote en zet dan met een stem als een klok het beroemde lied uit 'Der Bettelstudent' van Millöcker in: 'Und ich hab' sie ja nur auf die Schulter geküsst...!' Dat is het laatste wat wij van hem horen want met die ene kus op de schouder is hij beneden om de bocht van de holle weg verdwenen.

Mijn reisgenote kijkt hem met iets van weemoed na.

'Wat een prachtige stem...' zucht zij en voegt er dan bijna spijtig aan toe: 'En bovendien een echte knappe man...'

Nee mevrouw Jansen, nu niet meteen roepen: 'Foei! Zoiets past toch niet voor een priester!' En nu niet vanavond een verontwaardigde brief aan uw broer Broeder Aloysius in het klooster op Curaçao schrijven. U vergeet dat het een Limburger was die daar zingend voorbijkwam.

Geen 'happy ending' aan een boek waaraan de schrijver tot nu toe zo veel genoegen heeft beleefd?

Waarin de schrijver een klein en zeer persoonlijk drama weergeeft spelende op dat onvergetelijk eiland dat eens 'de tuin van Holland' werd genoemd. 'De tuin van Holland' tot ook het binnendringend water die tuin voorgoed zijn luister ontnam en daarmede voor ieder die hem in zijn glorie heeft gekend, voorgoed een eind maakte aan de goede oude tijd.

Tijdens de lange winteravonden
is het goed toeven in de herberg.

IN de goede oude tijd liepen alle drama's, sprookjes, verhalen en romans eigenlijk altijd goed af. De gelieven 'kregen elkaar', de deugd werd beloond, de ondeugd gestraft en als er dan toch een enkele dooie moest vallen, nam men daarvoor bij voorkeur een oude trouwe bediende die zich met een dankbare glimlach opofferde voor de beter gesitueerden. Hollywood heeft daar in onze tijd nog een schepje bovenop gedaan met zijn onontbeerlijke 'happy ending'. Pas de laatste jaren is deze uit de mode geraakt en geeft een groot deel van het publiek de voorkeur aan 'blood, sweat and tears'. Ik ben het daar niet mee eens. Waarom mijn goede geld uitgeven om met mijn neus in de narigheid gedrukt te worden? Nee, dan zoek ik het liever in mijn zin voor evenwicht. Eindig een verhaal met hetzelfde motief waarmee het is begonnen. In de loop van de gebeurtenissen kan dit motief van vreugdig verdrietig geworden zijn, maar dat doet er minder toe zo lang de lezer maar het gevoel heeft dat het slot parallel loopt met het begin. En daarom: met het onvergetelijke buiten Toornvliet op Walcheren ben ik begonnen, daarmee wil ik ook eindigen, ook al is mijn rapsodie dan van majeur in mineur overgegaan.

Toen eindelijk de Tweede Wereldoorlog voorbij was, werd ik door maar één gedachte bezeten: naar Toornvliet op het verdronken eiland Walcheren. Maar de verbindingen waren verbroken, treinen reden niet, ponten voeren niet. Gelukkig ontdekte ik dat de post werd rondgevlogen door een sergeant van de luchtmacht in een Piper Cup. Hoe ik erin geslaagd ben weet ik niet meer, maar op een goede ochtend stegen de sergeant, de post en ik van een voetbalveldje in Voorburg op.

Het was een lange tocht want we moesten over half Nederland de post afleveren. Ik herinner mij er niets meer van. Mij interesseerde alleen het weerzien met mijn eigen eiland, met het verdronken Walcheren van mijn jeugd dat door de geallieerden werd prijsgegeven aan de zee toen zij de dijken bombardeerden. Ik kon nog altijd niet helemaal geloven dat de gezegende tuin van Holland nu één grote watervlakte moest zijn en dat ik het oude buiten Toornvliet niet meer in vertrouwde glorie van groei en bloei zou terugvinden. Eerst toen de kleine machine over het droge Zuid-Beveland op Walcheren aanvloog, bezweek mijn droom. Ik was te verbijsterd voor emoties toen ik laag boven een eiland cirkelde dat louter zeewater was; toen ik uit de puinhopen van Middelburg de stomp van de verminkte Lange Jan zag oprijzen; toen ik tot aan de duinen in de verte de oude dorpskernen als eilandjes zag drijven in het alomtegenwoordige zoute water. En toch wou het geloof aan het wonder nog niet in mij sterven, tot mijn piloot naar beneden wees. Daar lag het dierbare oude huis met de top van zijn torentje afgekapt. Daar stond – midden in de zomer – het park van mijn kinderjaren in een meter water. Dat was mij genoeg. Ik beduidde de piloot dat hij geen tweede rondje moest maken. Het toestel klom weer en nu ontwaarde ik heel Walcheren vol grijs zeewater als een reusachtig soepbord, waarvan alleen de randen nog boven de vulling uitstaken. Wij maakten een 'zoemertje' over Zoutelande waar de duinen maar één rij diep zijn. Eén herfststorm en het soepbord Walcheren zou voorgoed in de golven verdwijnen. Wij streken laag over Westkapelle waar de geallieerde bommenwerpers de dijk hadden opengebroken. En toen dan het Pipertje weer steeg en ik het hele stuk winter midden in de zomer kon overzien keek ik achterom naar Toornvliet, maar vond het niet meer in die woestenij van water.

Ik kon het niet laten. De droom in mij wou niet sterven. Drie maanden later ging ik terug. Ditmaal niet door de lucht.

In Middelburg vond ik straten die louter herinneringen voor mij waren geweest, voorgoed verdwenen. Maar de stad zelf, hoger gelegen in het hart van het verdronken eiland, was tenminste droog gebleven. De bomen in de tuinen waren blijven leven en gloeiden nu als goud bij het afscheid van de zomer. Maar buiten het bolwerk van de vroegere vesting had de zomer al lang afscheid genomen. Buiten de wallen van Middelburg begon de winter boven een watervlakte waarin rijen door het zoute water gedode bomen als langzaam voortwadende lijken de weg van dorp naar dorp aangaven.

Ik vond een bootje en roeide eerst door een ondergelopen straatje van lage huisjes, dan over de onzichtbare landweg onder de bodem van mijn vaartuig de stille binnenzee op. Ik bereikte Toornvliet. Ik voer tussen de twee pijlers van het oude hek de oprijlaan in. Heel even kwam er ondanks alles toch weer hoop en troost. Het hoge hout en zelfs de struiken langs de paden, alles stond er nog als vroeger, alleen kaal, zwart en winters in de koesterende herfstzon. Zou het werkelijk allemaal dood zijn? Zou er niet een wonder kunnen gebeuren en alles opnieuw uitlopen?

Ik haalde mijn schouders op en meerde mijn bootje aan de openslaande deuren van de biljartkamer. De vluchtelingen die hier een tijdlang waren ondergebracht hadden vanaf het met zijn poten in het water staande biljart een vlonder gemaakt waarover ik met droge voeten de gang kon bereiken en de trap die pas met de vijfde tree opsteeg uit het water dat het huis gelijkvloers vulde. Zonder gevoelens deed ik boven de ronde door de ontreddering van de ene kamer na de andere waar vóór de vluchtelingen na de ramp de Duitse bezetters gehuisd hadden. Te midden van MIJN herinneringen had daar de 'Oberkommandierende Gruppe Süd West' zijn hoofdkwartier gehad.

Opeens kreeg ik haast. Ik stommelde de wenteltrap op die uit de zolderverdieping in het torentje omhoogdraait. Eerste torenkamer, tweede torenkamer, toen wrong ik mij zoals ik het honderd maal als jongen gedaan had door het luik naar het bovenste torenkamertje en stond in de buitenlucht. De bezetter had het dak van de toren gehaald als van een doos waarvan men het deksel weggooit. Bovenop had hij een stuk licht luchtafweergeschut neergezet. Onder mij stond het zwarte park in het water. Rondom reikte het water tot aan de horizon en dreven de daken van boerderijen als kleine eilanden. Ik keek naar de resterende balken van de half afgebroken torendakkamer zo hoog boven het huis. Daar moest vroeger iedere bezoeker zijn naam met pot-

lood schrijven. Ze waren uitgewist door weer en wind onder de open hemel. Maar één nieuwe naam was voor alle andere in de plaats gekomen. Daar stond in abominabel Duits:

'Heute zwa fandliche Flugzeug abgeschusst'.

De naam van de schutter klonk Pools:

'Jacob Spolinsky'.

Ik zag Jacob Spolinsky voor mij: een halfgeletterde die met zijn stukje afweergeschut twee geallieerde vliegtuigen had neergehaald met dezelfde ernst en voldoening als waarmee een kind speelt.

Even later roeide ik haastig het hek weer uit, vervolgd door het ratelen van het afweergeschut van Jacob Spolinsky.

Het was sterker dan ik. Toen Walcheren eindelijk weer droog was, moest ik nog één keer het oude buiten zien. Was het opzet of toeval dat ik daarvoor een winterdag met vlagende storm koos? Ik liep nu door het straatje waar ik de eerste keer doorheen gevaren was. Buiten de schamele bebouwing was de landweg droog tussen de rijen kale bomen. En weer hoopte ik op het wonder. De winter midden in de zomer die ik een jaar geleden had gezien, was schrikwekkend geweest onder een strakke hemel boven water dat golfde zoals eens de korenvelden het daar hadden gedaan. De tegenstelling tussen de zoele herfstlucht en de zwarte ontluistering van dode bomen, zinloos voortmarcherend door het water was niet te verwerken geweest. Maar nu was het werkelijk winter en overal waren bomen en struiken kaal en zwart, ook die van het park van het oude buiten dat ik om de bocht van de weg al met zijn vertrouwde gestalte van meer dan honderd jaar oud zag verrijzen. Voor het eerst een beeld zoals ik het van vroeger kende: een winters buiten op een winters eiland. Kon dat niet betekenen dat als de lente weer zou komen over Walcheren, de groei en bloei toch nog terug zouden keren?

Toen ik nu de oprijlaan inliep was voor mij het Toornvliet van mijn jeugd herrezen. Eén ogenblik maar. Toen begreep ik wat de binnenstromende zee had aangericht. Toen stond ik met geheven hoofd in de storm die aan mijn kleren rukte. Toen hoorde ik bomen en struiken van de eenmaal zonnige tuin als spoken spreken. Tot een meter hoog zaten alle struiken en bomen vol met zeepokken en mosselen. Zachtjes, zachtjes rinkelde het hele park in de storm, rinkelde huiveringwekkend als een dood wezen dat smeekte om weer te mogen terugkeren tot het leven.

Dit was voor mij het onherroepelijke einde van de goede oude tijd...

De jaarwisseling is voor deze schilder aanleiding om te verhuizen. Hij schijnt het niet erg leuk te vinden.

Afscheid van zoveel goeds en schoons dat de schrijver met trots vervult dat hij zich Nederlander mag noemen

Waarin de schrijver om die trots waar te maken en te verklaren drie eeuwen teruggrijpt en daar het beeld vindt van de grote componist Joseph Haydn die na een te lang verblijf bij zijn mecenas Vorst Miklos Esterhazy deze met zijn muziek wist te beduiden dat er een tijd van komen is en een tijd van gaan.

Dakloze zwervers verkleedden zich in het begin van het nieuwe jaar om als 'driekoningen' een centje bij te verdienen.

NEEN, geen treurig slot aan deze rapsodie van de Lage Landen. Een laatste blik in vogelvlucht op onze streken. In de vorige eeuw heeft het buitenland deze gebieden bekeken met een door schoolmeestersbijgeloof verduisterde blik. Vooral Duitsers en Fransen waren sterk in quasi-diepzinnige tiraden waarin zij Nederland, de Nederlander en al zijn goede en kwalijke hoedanigheden verklaarden uit wat zij ons 'klimaat' noemden. Dat was een eeuwig bewolkte, nevelige, ook midden overdag schemerachtige aangelegenheid volgens hen. 'Kijk maar naar uw grote meesters uit de zeventiende eeuw,' zeiden ze dan. 'Die halftinten, die bedekte luchten, dat clair-obscur dat men alleen bij de Nederlandse schilders vindt... Geen wonder dat de Nederlander een somber mens is...'.

Onzin! De Nederlander was en is geen somber mens. Hij had en heeft misschien een beetje de neiging om gewichtig te doen, maar dat heeft met somberheid niets te maken. En wat onze schilders uit de zeventiende eeuw betreft, daaraan kan men bewezen zien hoe hardnekkig een eenmaal tot geloofsbelijdenis verheven intellectuele onwijsheid is. Al die brave Duitsers en Fransen die zich op de halftinten van onze grote schilders beriepen om daaruit onze volksaard te verklaren, hadden alleen in onze musea de gedurende eeuwen vervuilde schilderijen gezien. Hun halftinten en bedekte luchten waren aangekoekt vuil. Toen men eindelijk begon onze schilderstukken schoon te maken, bleek dat onze schilders in de zeventiende eeuw uitgesproken kleurenvreugdig geweest waren. Hun luchten werden blauw, hun wolken wit, hun mensen vol levensvreugde. Op Rembrandts Nachtwacht ontdekte men een figuurtje dat nog nooit iemand gezien had. Er bleef niets over van alle ons toegeschreven somberheid. Het duurde nog lang voor men afstand deed van zijn halftinten en ontdekte dat het Nederlandse monopolie niet de nevelige halfschemer is maar het licht, het eeuwig wisselende licht boven onze polders, duinen, rivieren en bossen. Het verschaft ons alle dramatiek die we in ons landschap missen. De Hollandse hemel is het reusachtige speelterrein van wind en wolken, even afwisselend als het land beneden eentonig lijkt.

Binnen en buiten kunt u dag in dag uit zwelgen in het levende licht... Het ene ogenblik ziet u een horizon zo gestoken helder dat het beangstigend lijkt, het volgend moment dooft het licht uit en geen vijf minuten later wordt alles rondom geadeld door een mild waas van heiigheid. Loop langs het strand in

In het atelier vervaagt het beeld van de straat en worden alle 'driekoningen' tot statige lieden met geschenken.

de stralende zon en kijk naar de blinkende zeeschepen aan de einder op weg naar de verten. Opeens zijn zij verdwenen. De horizon is geen strakke lijn meer maar een wazige onzekerheid. De zon wordt zwak nu er een floers voor getrokken wordt, en dan ziet u als een wit spooksel de zeevlam aanrollen vlak boven de golven. Even later heeft hij de kust bereikt en is alles mist en mysterie om ons heen.

Toegegeven: we hebben geen bestendigheid hier; niet dag in dag uit een strakblauwe Italiaanse hemel; niet het tere blauw boven de groene eilanden van Indonesië; niet het vale door de zon doodgeslagen blauw boven de middagwoestijn, maar wij hebben wel dat kostelijk nationaal bezit: het spel van licht, wind en wolken, zonder begin en zonder eind, zo snel wisselend alsof het op één dag lente en winter, zomer en herfst tegelijk kon zijn.

Laten wij beginnen met de winter. Geen klassieke Hollandse winter met sneeuw en ijs en schaatsenrijders maar een echte Hollandse kwakkelwinter met veel regen en wind, met lage luchten die je werkelijk zouden doen geloven aan de Duitsers en Fransen van een eeuw geleden. Laat je niet afschrikken. De Hollandse kwakkelwinter is een schoon seizoen met zijn eeuwige regen, wanneer de dennenbossen op de Veluwe druipen in een stilte als van een kathedraal; wanneer de verlaten stranden het domein van de storm en de dapperen zijn die tegen de striemende vlagen in worstelen; wanneer de meren in opstand komen en als een ware zee te keer gaan tegen de lage oevers; wanneer de verten krimpen en uitdijen in het wisselend spel van licht en schaduw, wind en wolken.

De Hollandse winter duurt meestal niet lang. Zo tegen begin maart komt het schuchtere begin, wanneer het seizoen aarzelt tussen winter en lente. De wilde ganzen roepen nog aan de Waddenkust maar tot in het hart van de steden zijn in de tuinen in de vroegte en tegen de avond zanglijsters en merels al te horen. Daarna gaat het snel, te snel bijna. De ganzenroep sterft weg achter een verre horizon; de kale en zwarte bomen zitten iedere dag dikker in knop en de morgenschemer in parken en plantsoenen orgelt van vogelzang.

In de polders krijgt het water in sloten en vaarten die zilveren helderheid die het alleen in de lente heeft. Daar zwerven nu de helle roepen van grutto's, kieviten en andere weidevogels. Op de Brabantse heiden in hun stille bossen jodelen de wulpen en in de bosjes in het duin slaan de nachtegalen om het hardst om de hele wereld en vooral hun soortgenoten kond te doen van het feit dat deze bepaalde struik van hen is. Overal van noord tot zuid lopen bloesems en blad uit en dan opeens is de zomer er in volle glorie. Van de kust tot de heuvelruggen in het binnenland heerst hij als een seizoen dat te zoel en te dromerig lijkt voor een zo noordelijk en nuchter gebied. Maar het duurt niet lang. De zomer leeft kort in de Lage Landen. Half augustus zijn haar kleuren en vormen al zo rijp dat de herfst nabij lijkt.

De herfst een jaargetijde van afscheid en weemoed, van verval en langzaam afsterven? Geen sprake van. De herfst is het seizoen van de sterken die uit hun afscheid een feest weten te maken. En daarom nog één keer terug naar de goede oude tijd die zich nooit schoner heeft getoond dan bij het afscheid dat in 1772 de grote componist Joseph Haydn zijn heer en meester Vorst Esterhazy wist af te dwingen met zijn muziek.

Miklos Esterhazy was zo onmetelijk rijk dat hij zich dicht bij de Hongaarse grens aan de Neusiedler See een sprookjesslot had laten bouwen naar het voorbeeld van Versailles. Daar onthaalde hij zijn gasten gedurende het zomerseizoen op de schoonste muziek. Daarheen werd dan ook zijn hele orkest gecommandeerd onder leiding van de grote Haydn. Maar de hooghartige vorst verbood dat de orkestleden gedurende het lange zomerseizoen hun vrouwen en kinderen bij zich hadden op slot Esterhazy. De orkestleden die voor hun protesten geen gehoor vonden bij de strenge Esterhazy, wendden zich in hun wanhoop tot hun leider Haydn. Die had de bui zien aankomen en in stilte het zijne gedaan. Op een goede avond worden de gasten van de vorst als slotstuk van het concert verrast met een nieuwe symfonie. Het begint allemaal heel onschuldig, maar na enige tijd gebeurt het ongehoorde. De tweede hoornist en de eerste hoboïst staan op, beëindigen hun spel en blazen de kaars die hun partituur had verlicht uit. Daarna verlaten ze op hun tenen de zaal. Dan gaat het vreemde spel voort. De ene muzikant na de andere blaast zijn kaars uit en verlaat met zijn instrument het vertrek. Tenslotte zijn ook de laatste twee kaarsen gedoofd, de laatste twee muzikanten gegaan. Het is schemerdonker in de zaal wanneer ook Haydn wil wegsluipen, maar zijn muziek heeft het gewonnen. Vorst Esterhazy staat op, gaat naar hem toe en legt hem de hand op de schouder: 'Mein lieber Haydn, ik heb het begrepen... De muzikanten verlangen naar huis... Het is goed...'

Sinds die dag is Haydns symfonie bekend gebleven als de 'Afscheidssymfonie'.

Ook voor mij bestaat een dergelijke symfonie. De laatste weken van de zomer die maar geen afscheid wil nemen zijn nergens zo betoverend als in mijn paradijs in het duin. Terwijl de berkenbosjes aarzelend een beetje beginnen te vergelen, blijft het eikekreupelhout nog groen en zijn het alleen rode en oranje bessen aan meidoorns en duindoorns die een eerste herfstkleur geven. En toch ademt, juist vóór de herfst werkelijk zijn intrede zal doen, alles in de late zon het afscheid van de zomer. Dat afscheid is van een treffende discretie. Het lijkt op de Afscheidssymfonie van Haydn. Het concert sterft langzaam weg, omdat de ene muzikant na de andere de kaars op zijn lessenaar uitblaast en wegsluipt. Tot ook de kapelmeester de zaal verlaat.

Wie in deze dagen en weken in mijn paradijs in het duin ronddwaalt, ziet geen spectaculaire taferelen van vogeltrek, maar hij voelt overal het afscheid. Het is alsof alles heimelijk wegsluipt door de windstille duinpannen, door de wildernis van kreupelhout vol kamperfoelie als lianen, onder het ritselen van de hoge peppels in de vallei achter het grote ven, dat spiegelt in het duinlandschap als een meer in de Afrikaanse savanne.

Zeker, er valt voor een vogelminnaar nog wel wat te beleven. Er komt niet iedere dag een stel wespendieven vlak boven je hoofd zweven, maar hun onnavolgbare gratie is toch niet het hoogtepunt van een gang door het paradijs. Hoogtepunten zijn eigenlijk alleen die heel kleine geluiden en bewegingen die je alleen maar hoort als je ergens stil gaat zitten onder een paar bomen hoog aan een duinpan, waar je niet al te veel in het oog loopt. Dan is er opeens schuchter en aarzelend het zilveren zangwatervalletje van de fitis, van één fitis die niet op tijd vertrokken is. Het zwijgt meteen weer. De muzikant heeft de kaars op zijn lessenaar gedoofd en is de zaal uitgeslopen.

Door de lucht strijkt het zachte gepraat van een kleine vlucht kneutjes. Ze zwerven ogenschijnlijk doelloos rond over bosjes en duinen. Waar moeten we ook weer heen?

In de nog groene wildernis aan de landkant sloegen van de zomer de nachtegalen alsof het een veldslag was. Dat was het eigenlijk ook, want met hun gezang verdedigen zij hun eigen gebied tegen soortgenoten. Daar zijn nu tussen twee ogenblikken waarin het blad heel even ritselt, zo kleine geluiden dat men de adem inhoudt. Wanneer de lage wildernis zwijgt en de windstille nagloed van de zomer alles koestert, is zelfs het bescheiden tikken van een boomkruipertje, die muis onder de vogels, te horen.

Maar of men nu met mezen, goudhaantjes, kramsvogels of koperwieken te doen heeft die voorbijkomen om rond te kijken, te blijven of verder te trekken, het sterkste blijft die ene indruk van een compleet seizoen dat als een levend wezen zo geruisloos mogelijk wegsluipt uit de zomer.

Afscheidssymfonie.

Ook van dit boek.

*Echte of imitatie-driekoningen,
een ieder is ze even goedgunstig
gezind.*